现代学徒制双主体育人系列教材

带你游青岛

刘鑫　张淑珍　秦力 / 主编

中国海洋大学出版社

·青岛·

图书在版编目（CIP）数据

带你游青岛 / 刘鑫，张淑珍，秦力主编 . 一青岛：
中国海洋大学出版社，2020.10
ISBN 978-7-5670-2610-0

Ⅰ . ①带… Ⅱ . ①刘… ②张… ③秦… Ⅲ . ①旅游指
南一青岛 Ⅳ . ① K928.952.3

中国版本图书馆 CIP 数据核字（2020）第 202165 号

出版发行	中国海洋大学出版社
社　　址	青岛市香港东路 23 号　邮政编码　266071
出 版 人	杨立敏
网　　址	http://pub.ouc.edu.cn
电子信箱	1079285664@qq.com
订购电话	0532-82032573（传真）
责任编辑	由元春　　　　　　电　　话　0532-85902495
印　　制	日照报业印刷有限公司
版　　次	2020 年 10 月第 1 版
印　　次	2020 年 10 月第 1 次印刷
成品尺寸	170mm×230mm
印　　张	9.5
字　　数	150 千
印　　数	1~1000
定　　价	28.00 元

如发现印刷质量问题，请致电 0633-8221365，由印刷厂负责替换。

编写委员会

本书主编 刘 鑫 张淑珍 秦 力

指导专家 邢 斌 姜延群

副主编 李 珊 赵君荣

本书编委 刘 鑫 张淑珍 秦 力

李 珊 赵君荣 孙靖然

前　言

　　本教材作为现代学徒制双主体育人的系列教材，充分体现了校企合作的特点，立足青岛本土旅游资源，融入文旅融合理念，突出"任务主线、学生主体、实践主导"的"三主"设计思想，引导学生在学中"做"，在做中"学"，旨在提高学生的综合职业素养和一线"实战"能力，为未来职业发展奠定基础。

　　本书共分三个模块：基础模块、专业模块和拓展模块，以任务驱动法为主要教学方法。通过项目导读、项目建议、任务描述和任务分析等环节，帮助学生逐步实现"学习旅游知识—理解文旅内涵—掌握服务技能—提升职业素养"的能力提升目标。

　　本书建议学时为 36 学时，具体学时安排建议如下：

项目		课程内容	建议学时
基础模块	项目一	旅游景区认知	4
专业模块	项目二	走进青岛	4
	项目三	巡海踏浪海滨游	6
	项目四	老城区里寻青岛	6
	项目五	山海奇观赏崂山	8
拓展模块	项目六	岛城研学初探	8
总学时		36	

本书在编撰的过程中得到了青岛旅游学校现代学徒制企业导师——青岛市旅行社协会会长邢斌、副会长姜延群的指导，青岛市教育教学研究院李珊老师也作为旅游专业校外专家参与了编写。本书既可供中等职业学校旅游服务类专业学生使用，也可作为相关培训机构进行旅游从业人员培训使用。

　　本书在编写过程中参阅了大量的书刊与资料，在此向相关人员及作者致以衷心的感谢。

　　因水平所限，书中还有诸多不完善之处，敬请大家批评指正。

编　者
2020 年 5 月

目 录

拓展模块

Module 1

基础模块

项目一 旅游景区认知

◇项目导读

旅游景区是旅游活动的主要场所，是旅游业的核心要素，是旅游产业链中的中心环节，是旅游消费的吸引中心，是旅游产业面的辐射中心。导游员作为景区游览的组织实施者，是旅游景区的有机组成部分，是景区产品消费功能的实现者。本模块从旅游景区概念入手，概述旅游景区导游员的定义以及服务程序，使学生对于旅游景区和景区导游形成初步认知。

◇项目建议

1.在日常教学活动中，借助学校功能实训教室，创设景区实践教学场景，了解旅游景区架构。

2.邀请优秀景区导游员进行实地示范导游，组织学生观摩学习，感受名导风采。

3.组织学生深入旅游景区进行志愿服务，教师现场指导，提升导游服务能力。

◇学习目标

1.了解旅游景区概念，明确旅游景区的特点以及分类。

2.了解景区导游员概念，掌握景区导游应具备的职业素养。

3.能够掌握运用景区导游工作程序和规范。

任务 1　走进旅游景区

◆任务描述

孙凝作为一名中职刚入校的旅游专业学生，之前经常从报纸和网站上看到关于风景名胜区、自然保护区、旅游目的地、主题公园、旅游度假区等相关信息，但是对于究竟什么是旅游景区，它们之间到底属于何种关系，孙同学依然比较困惑。作为旅游专业的学生，你能为她答疑解惑吗？

请带着这个任务继续学习。

◆任务分析

一、旅游景区的概念

中华人民共和国国家质量监督检验检疫总局颁布的《旅游景区质量等级的划分与评定》（GB/T17775—2003）中对旅游景区进行了界定：旅游景区是以旅游及其相关活动为主要功能或主要功能之一的空间或地域，具有参观游览、休闲度假、康乐健身等功能，具备相应旅游服务设施并提供相应旅游服务的独立管理区。该管理区应有统一的经营管理机构和明确的地域范围，包括风景区、文博院馆、寺庙观堂、旅游度假区、自然保护区、主题公园、森林公园、地质公园、游乐园、动物园、植物园及工业、农业、经贸、科教、军事、体育、文化艺术等各类旅游景区。

二、旅游景区的特征

1. 综合性

大多数旅游景区都是由不同要素构成的，其所依托的旅游资源之间以及与周围的文化、经济、环境互相影响、互相制约、互相作用，共同形成了有机整体，构成了旅游景区产品的基础。同时，作为旅游景区应具有参观游览、休闲度假、康乐健身、教育科研等多种功能，多样化的旅游功能使得旅游景区也具有综合性的特点。

2.地域性

旅游景区是一个地理空间或区域范围，是具有明确界限的独立区域，受到当地的自然、社会、文化、历史和环境等因素的影响和制约，因而也就形成其独有的地域特色。地域性还具有另一重要含义，旅游资源往往具有不可移动性，一旦移动，或许会造成原有形态、生态的割裂，其特有的内涵也将发生改变。

3.脆弱性

旅游景区以旅游资源为依托对游客产生吸引力，这也是旅游景区存在的前提条件。旅游景区内部的旅游资源可以是自然天成，可以是历史遗留，也可以是人工建造，但其往往因为开发利用不当遭到破坏，难以再生，也会因为季节性、不可抗力等因素，不能充分利用资源，受到来自旅游发展的压力。

4.动态性

旅游景区并不是一成不变的，其可以根据自然规律和发展所需进行创新、再造，特别体现在人造景区方面。同时，旅游景区的服务管理也需要不断创新，由于景区产品包含的旅游服务比重较大，需要各项管理工作的创新促进服务质量的提升。因此，旅游景区的开发和发展是一个动态的过程。

三、旅游景区的分类

旅游景区资源的多样性和内涵的丰富性，存在划分旅游景区类型的不同方法，使得旅游景区的分类难以有统一的标准。

（一）以旅游景区资源类型为标准

按照旅游资源类型划分，旅游景区可分为自然景观类旅游景区、人文景观类旅游景区和复合型旅游景区。

1.自然景观类旅游景区

以当地独特、优美的自然环境为主的景区称为自然景观类旅游景区。它是在一定地域环境中形成的、能吸引游客前往旅游的山地水体、动植物等自然地理要素构成的地域组合，主要包括各类山河湖海自然风景区、以森林风貌为主的旅游景区、以石林溶洞瀑布为主的旅游景区、自然保护区以及野生动物园等。

2. 人文景观类旅游景区

以人文景观或人文旅游资源为主的景区称为人文景观类旅游景区。它是在人类生产、生活活动中形成的艺术和文化，是能够激发游客进行旅游活动的物质财富和精神财富的总和，主要包括各类历史人文景观、人文活动、人造景观等。

3. 复合型旅游景区

在旅游景区实际划分中有时很难将其定义为自然景观类旅游景区还是人文景观类旅游景区。很多旅游景区同时拥有自然旅游资源和人文旅游资源，且无法判定以哪一种旅游资源为主，因而将此种旅游景区称为复合型旅游景区或者综合型旅游景区。

（二）以旅游景区功能特征为标准

按照功能特征划分，旅游景区可分为观光体验类旅游景区、度假休闲类旅游景区、科考探险类旅游景区和宗教活动类旅游景区。

1. 观光体验类旅游景区

以观光游览为主要内容的旅游景区，具有较高的审美价值，如九寨沟、张家界。

2. 度假休闲类旅游景区

拥有高等级的环境质量和服务设施，通常是以气候、温泉、矿泉、海水为条件，为旅游者提供度假、康体、休闲等服务的景区，如北戴河、小汤山温泉。

3. 科考探险类旅游景区

以科学考察和开展探险活动为主要内容的景区，如地质公园、地貌博物馆、溶洞探险。

4. 宗教活动类旅游景区

主要开展宗教朝拜和宗教圣地观光旅游活动，如普陀山、九华山、武当山、青城山等。

◈ 知识拓展

《旅游景区质量等级评定与划分》国家标准评定细则

《旅游景区质量等级的划分与评定》国家标准将旅游景区质量等级划分为五级，从高到低依次为 AAAAA、AAAA、AAA、AA、A 级（以下分别简称 5A、4A、3A、2A、1A 级）旅游景区。5A 级为中国旅游景区中的最高等级，代表着中国世界级精品的旅游风景区等级。截至 2020 年 1 月 3 日，全国 5A 级旅游景区总数已达 280 家。

根据《旅游景区质量等级评定管理办法》和《旅游景区质量等级的划分与评定》国家标准（GB/T17775-2003）的相关规定制定本细则。本细则共分为三个部分：

细则一：服务质量与环境质量评分细则。

细则二：景观质量评分细则。

细则三：游客意见评分细则。

各等级景区需达到如下条件：

	细则一	细则二	细则三
5A	950 分	90 分	90 分
4A	850 分	80 分	80 分
3A	750 分	70 分	70 分
2A	600 分	60 分	60 分
1A	500 分	50 分	50 分

细则一：服务质量与环境质量评分细则

1.本细则共计 1000 分，共分为 8 个大项，各大项分值为：旅游交通 130 分，游览 235 分，旅游安全 80 分，卫生 140 分，邮电服务 20 分，旅游购物 50 分，综合管理 200 分，资源和环境的保护 145 分。

2.5A 级旅游景区需达到 950 分，4A 级旅游景区需达到 850 分，3A 级旅游景区需达到 750 分，2A 级旅游景区需达到 600 分，1A 级旅游景区需达到 500 分。

细则二：景观质量评分细则

1. 本细则分为资源要素价值与景观市场价值两大评价项目、九项评价因子，总分 100 分。其中资源吸引力为 65 分，市场吸引力为 35 分。

2. 5A 级旅游景区需达到 90 分，4A 级旅游景区需达到 80 分，3A 级旅游景区需达到 70 分，2A 级旅游景区需达到 60 分，1A 级旅游景区需达到 50 分。

细则三：游客意见评分细则

1. 游客综合满意度总分为 100 分。

2. 旅游景区质量等级游客意见综合得分最低要求为：5A 级旅游景区 90 分；4A 级旅游景区 80 分；3A 级旅游景区 70 分；2A 级旅游景区 60 分；1A 级旅游景区 50 分。

（资料来源：中华人民共和国文化和旅游部官方网站）

技能训练

通过本节课的学习，回答案例提出的问题；同时思考，面对众多的旅游景区，你学会如何划分了吗？

任务 2 认知景区导游

➡️任务描述

小李作为一名刚参加工作的景区导游员，刚上班就接待了一个由 15 人组成的回民旅游团。上团前，他很紧张，只顾着背诵导游词。在上团期间，他把景区里所有的景点都完整地进行了介绍，赢得了游客的好评。为了更好地服务于游客，他还特意推荐了本地的特色菜——红烧肉。没想到这一举动却引起游客的反感，甚至有几位游客到景区管理办公室投诉了他。小李自己却感觉很委屈。小李为什么会引起游客的反感？怎样做才能避免这种事情的发生呢？

请带着这个问题继续学习。

➡️任务分析

一、景区导游定义

景区导游员又称讲解员，是指受旅游景区管理部门的委派，在规定景区景点从事翻译、讲解和向导服务的专业人员。当前我国旅游景区服务水平不断提高，景区导游队伍也不断壮大，许多景区的讲解任务不再由地陪而逐渐由景区景点导游员承担。

景区导游是导游服务的一个组成部分，包括各类公园、自然保护区、博物馆、纪念馆、名人故居等的导游服务。景区景点导游员应通过其讲解，使游客对该景区景点或参观地的全貌和主要特色有较为全面的了解，并增进游客对保护环境、生态系统或文物意义的认识。

二、景区导游职业素养

游客参与旅游活动的主要目的就是进行旅游景区的参观游览。这也是旅游消费的重要环节，因而景区导游员的服务质量直接关系到游客的旅游体验。作为一名优秀的景区导游员应"诚于中而形于外""外秀而内美"，要具有以下基本职业素养：

（一）政治素养

景区导游员在工作中，首先要做到热爱祖国，这是首要条件；其次，要有高尚的道德情操、良好的职业道德，这是景区导游员的必备修养，也是职业道德最基本的原则；再次，要践行"游客为本，服务至诚"这一旅游行业核心价值观；最后，要遵纪守法，这是每个公民的义务。

（二）知识素养

随着经济社会的发展，现代旅游活动更加趋向于文化、精神层面的追求，对于导游人员也提出了更高的要求。景区导游员也不例外，自身要具备深厚的文化内涵。景区导游员要了解史地文化、专业知识、政策法规、心理学、美学以及国际常识等方面的知识，努力把自己打造成专家型、学者型导游员。

（三）能力素养

导游服务技能是导游人员完成导游服务所必须掌握的一种技术和能力，需要在实践工作中培养并发展。作为景区导游员，要在掌握丰富的景区知识基础上，形成有鲜明个人特色的景区导游服务风格。为此，景区导游员应具备出色的语言表达能力、较强的人际交往能力与组织协调能力、灵活的随机应变能力。

三、景区导游员的工作规范

随着我国旅游业发展，景区景点导游员日益成为导游队伍中的重要组成部分。景区景点导游服务的程序虽然没有全陪和地陪导游服务程序那么烦琐，但同样也有相应的程序和规范，归纳起来可分为服务准备、导游服务和送别服务三个阶段。

（一）服务准备

"好的开端是成功的一半。"做好准备工作，是景区景点导游员提供良好服务的重要前提。景区景点导游员应认真对待，并做到仔细、周密。其准备工作应包括以下内容：

1.计划准备

景区导游接待工作具有即时性的特点，主要通过景区接待计划及时了解旅游团（游客）的基本情况、日程安排等信息，包括：

（1）联络人的姓名和联络方式。如果是旅游团队，还需要掌握旅行社的名称、团队编号等。

（2）游客的人数、性别、年龄、职业、民族等，有无需要特殊照顾的游客。

（3）客源地概况以及游客基本的旅游动机。

（4）游客有无特殊要求和注意事项。

（5）收费问题，有无可减免对象。

（6）游客的其他行程安排等。

2. 知识准备

景区景点导游员的工作相对固定在一个景区或景区的几个景点。这就要求导游员对景区的情况要全面掌握，而且要不断地更新、储备新的知识，同时也要不断地扩展知识面。主要包括：

（1）了解所在景区景点的基础知识。

（2）熟悉景区景点相关知识背景。

（3）掌握相关景点的特色和价值。

（4）熟悉与景区相关的知识和管理规定。

3. 物质准备

景区景点导游员上团前应佩戴好景区上岗工作证，准备好导游讲解工具以及导游图或景区宣传资料等。

4. 形象准备

景区导游员的形象不仅代表着个人形象，更代表着旅游企业的形象。良好的仪容仪表会给游客留下深刻的印象和美好的回忆，因此，上团前应做好仪容仪表方面的准备。

（1）着装符合景区导游员身份及职业岗位要求。

（2）上岗时要正确佩戴上岗证和工号工牌。

（3）注意个人卫生，发型应保持清洁、整齐，保持口腔卫生。

（4）佩戴首饰要适度，不化浓妆，不用味道太浓的香水。

5. 心理准备

心理准备就是对到景区景点游览的游客的批评、挑剔和反驳，能有正确的态度；要敢于面对和接受各种挑战，善于处理各种突发事件和问题；做好和全陪、地陪等合作的准备，将自己的情绪调整至最佳状态。

（二）导游服务

景区导游员服务的区域严格限定于所在景区，一般按次或人数并结合语种收费。也有一些景区实行免费服务或将费用包含在门票、观光车等费用中，不再单独收取。

1. 致欢迎辞

景区导游员在接待工作开始时应向旅游团（游客）致欢迎辞，这是给游客留下第一印象的大好机会。致欢迎辞的地点一般选择在景区的入口或景区讲解的开场白之时，对于重要客人一般在接待室，要求景区景点导游员态度友好，语言简单明了。

欢迎辞的内容应根据旅游团（游客）的国籍、团队人数、年龄、成员的身份等有所区别，不可千篇一律。主要包括：

（1）问候语：各位朋友、各位来宾，大家好。

（2）欢迎语：代表旅游景区及本人欢迎游客的光临。

（3）介绍语：介绍自己的姓名及所属单位。

（4）希望语：表示提供服务的诚挚愿望。

（5）祝愿语：预祝旅游愉快顺利。

2. 景点讲解

导游讲解是景区导游服务工作的核心。讲解员应根据景区的规模和布局，按照景区导游讲解服务规范，为旅游团（游客）提供高质量的导游讲解服务。景区导游员在正式进行讲解之前，应当先对景区景点或参观地进行概括性的介绍，地点可选择在景区大门导游图前。

（1）自然风光的讲解内容。

主要包括自然风光的形态特征、内涵特征以及独特价值或地位等。

（2）人文景观的讲解内容。

主要包括人文景观的历史背景、用途、特色、价值和地位以及名人评价等。

3. 景区景点讲解注意事项

（1）按游览顺序参观，进行分段讲解。

景区景点导游员应严格按照既定的旅游路线安排游客参观游览，不得擅自减少旅游项目、缩短讲解时间或终止导游活动。讲解应视游客的不同类型、兴趣和爱好有所侧重，积极引导游客参观和欣赏。

（2）注意宣传环境、生态和文物保护知识。

结合有关景物或展品适时宣传环境、生态系统或文物保护知识。

（3）及时、耐心解答游客问询。

游客在参观、游览过程中提出问题，要给予及时、耐心的解答。回答时要简明扼要，不要影响游览活动的正常进行。

（4）留意游客的动向与安全。

在游览过程中，与地陪、全陪或领队密切配合，随时注意游客的动向与安全。

（5）尊重游客的宗教信仰。

景区导游员要尊重游客的宗教信仰，不得为谋取私利而与经营者串通起来坑骗游客。

（6）恰当处理游客的专业性或"刁难性"问题。

在讲解过程中，面对游客提出的各种问题，景区导游员要用专业的服务让每一位游客得到足够的尊重。

（三）送别服务

送别服务中最重要的内容是致欢送辞，同时征询意见与建议，最后向游客赠送景区景点或参观地的有关资料或小纪念品。

1. 致欢送辞

参观活动结束后，景区导游员要向游客致简短的欢送辞，主要包括对游客参观中的合作表示感谢，征询游客对导游讲解以及旅游景区的建设和保护等方面的意见和建议，欢迎再度光临指导等。

2. 赠送景区资料和纪念品

不少景区有免费的印制精美的小册子和带有景区标志的小纪念品，在导游结束时可以分发给游客作为纪念，这样既会加深游客对景区的印象，又能起到宣传效果。

（四）总结工作

送走游客，并不意味着导游工作的结束，还要做好总结工作。总结工作是提高导游服务效率和导游服务质量的必要手段。

1. 填写工作日志，做好接待总结

景区景点导游员完成接待服务后，要认真及时地填写工作日志，做好接待总结，实事求是地汇报接待情况。

2. 查漏补缺，总结提高

景区导游员在总结工作中应及时找出工作中的不足或存在的问题，查漏补缺，不断提高自身导游服务水平和服务质量；涉及其他接待部门的应及时反馈到所在部门，以便改进工作。

◆知识拓展

游览宗教景区（点）的禁忌

景区导游员带领游客进入寺庙或观瞻具有宗教特色的建筑物时，应要求游客衣着得体，不能过于随意或暴露；若遇寺庙举办法事或其他宗教活动，应率领团队静立或悄然离开，不得在旁随意走动或旁若无人地大声喧哗；提醒游客切勿随意触摸宗教标志、佛像、祭祀器物；很多宗教场所不允许拍照。景区导游员还应提醒游客尊重当地宗教信仰，不得在宗教场所随意就餐，更不能违反其饮食禁忌。

技能训练

如果你是学校的讲解员，如何才能将本校特色和文化传递给参观者？请分析探讨模拟讲解的优点和不足，以提升服务水平和沟通技巧。

Module 2

专 业 模 块

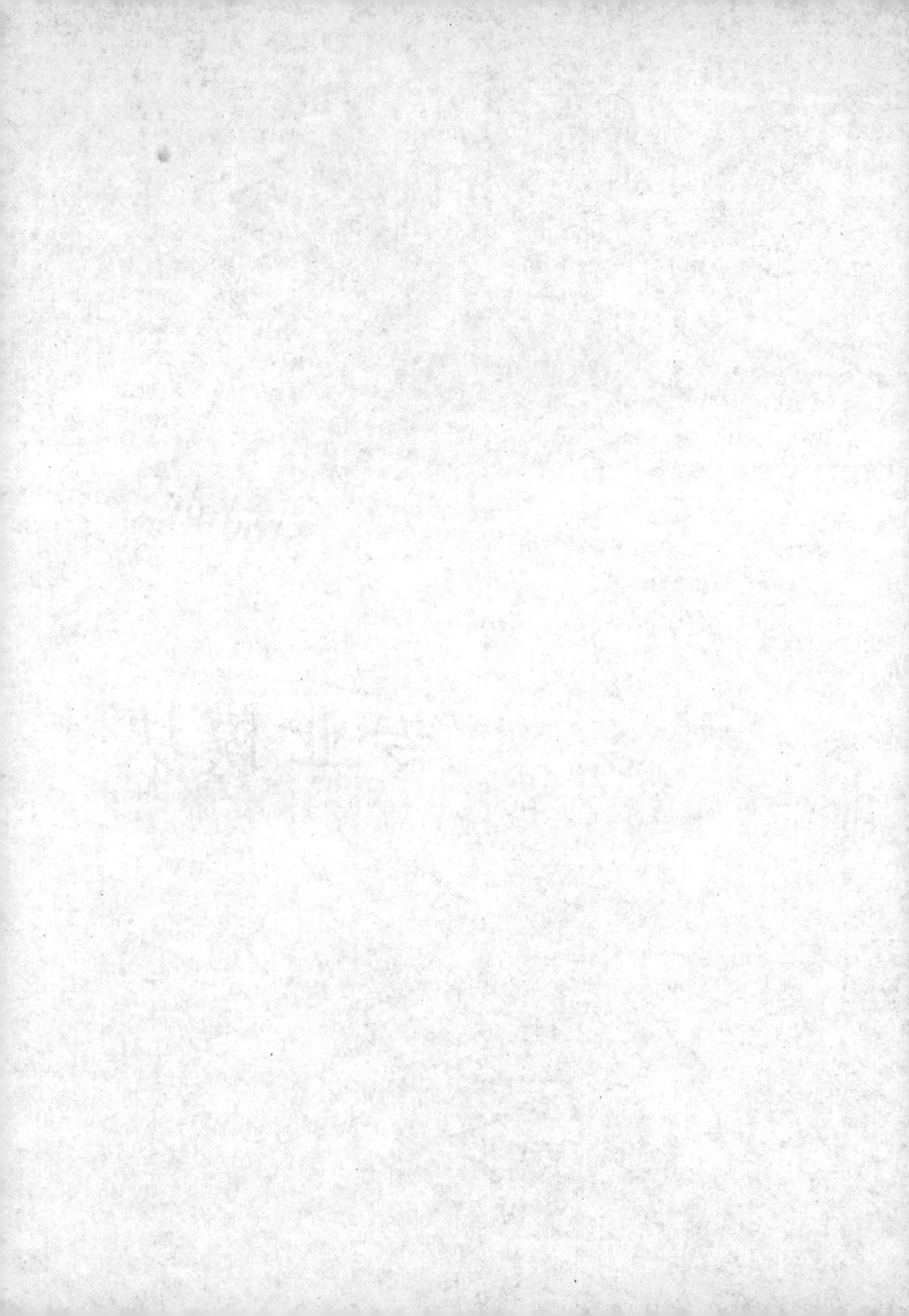

项目二　走进青岛

项目导读

"绿树青山，不寒不暑，碧海蓝天，可舟可车，中国第一"，康有为对青岛的评价最为经典，这便是"红瓦绿树、碧海蓝天"最初的出处。如今，"红瓦、绿树、碧海、蓝天"已经成为这座海滨城市的代名词，深深融入青岛的血液。八大关的"万国建筑博览会"、胶澳总督官邸的木制旋转楼梯、圣弥厄尔教堂的玻璃花窗，这些汇聚欧陆风情的别样建筑在默默地诉说着历史。"泰山虽云高，不如东海崂。"临海而峙、海山相连的崂山是我国万米海岸线上的最高峰。可能你走过万千河海，可是哪里也不像青岛这般令人流连不忍离去，赤礁、细浪、彩帆、金沙构成青岛靓丽的海滨风景线。大美青岛，山高水却不远。那就让我们一起走进青岛，去感受它的独特魅力！

项目建议

1. 在日常教学活动中，借助学校功能实训教室，创设首次沿途导游实践教学场景，进行室内虚拟仿真模拟导游实训。

2. 邀请优秀导游员进行实地示范导游，组织学生观摩学习，感受名导风采。

3. 组织学生进行市内景区踩点，教师现场指导，加深对青岛的热爱和了解。

学习目标

1. 掌握青岛的地理与气候。

2. 掌握青岛的交通与资源。

3. 掌握青岛的历史沿革。

4. 掌握青岛的旅游资源。

5. 能在实践中灵活应用、模拟导游。

◆〉任务描述

　　每一座城市都是一本值得反复品味的书。翻开这本书，第一页便是这座城市的基本概况。当游客来到青岛，首先要对这座城市进行初步的了解。来自青岛旅游学校导游专业的学生承担着首次沿途导游的社会实践任务，他们需要做好哪些知识准备，才能更好地将美丽的青岛宣传出去呢？

　　请带着这个任务继续学习。

◆〉任务分析

一、地理与气候

　　青岛市地处山东半岛东南部，位于东经 119°30′~121°00′、北纬 35°35′~37°09′，东、南濒临黄海，东北与烟台市毗邻，西与潍坊市相连，西南与日照市接壤，隔海与韩国、朝鲜、日本相望。青岛东依崂山之势，西怀平原之阔，南携黄海之波，北揽大泽之胜；陆海相接之处，崂山、大小珠山、铁橛山等接连耸立。

　　青岛市为海滨丘陵城市，地势东高西低，南北两侧隆起，中间低凹。其中，山地约占全市总面积的 15.5%，丘陵占 2.1%，平原占 37.7%，洼地占 21.7%。海岸分为岬湾相间的山基岩岸、山地港湾泥质粉砂岸及基岩沙砾质海岸 3 种基本类型。浅海海底则有水下浅滩、现代水下三角洲及海冲蚀平原等。

　　青岛市地处北温带季风区域，属温带季风气候。市区由于海洋环境的直接调节，受来自洋面上的东南季风及海流、水团的影响，故又具有显著的海洋性气候特点。青岛空气湿润，雨量充沛，温度适中，四季分明，称得上是"春有百花秋有月，夏有凉风冬有雪"的好地方。青岛春季气温回升缓慢，较内陆迟 1 个月；夏季湿热多雨，但无酷暑；秋季天高气爽，降水少，蒸发强；冬季风大温低，持续时间较长。青岛市区年平均气温 12.7℃。全年 8 月份最热，平均气温 25.3℃；1 月份最冷，平均气温 −0.5℃。7 月份相对湿度最高，为 89%；12 月份相对湿度最低，为 68%。青岛海雾多、频，年平均浓雾 51.3 天、轻雾 108.2 天。

二、区划与人口

2012 年 11 月，青岛市部分行政区划实施调整：撤销市北区、四方区，设立新的市北区，撤销黄岛区、胶南市，设立新的黄岛区。2014 年 6 月，经国务院批复同意设立青岛西海岸新区，成为中国第九个国家级新区，范围包括青岛市黄岛区全部行政区域。2017 年 10 月，即墨撤市改区。2018 年，青岛市辖 7 个市辖区（市南、市北、李沧、崂山、青岛西海岸新区、城阳、即墨），代管 3 个县级市（胶州、平度、莱西），有街道（镇）145 个、社区（村）6651 个。

青岛市总面积为 11293 平方千米。其中，市区（市南、市北、李沧、崂山、青岛西海岸新区、城阳、即墨等七区）为 5226 平方千米，胶州、平度、莱西等三市为 6067 平方千米。截至 2018 年年底，青岛市常住人口为 939.48 万人。其中，市区为 635.25 万人。

三、经济和社会发展

2018 年，青岛市生产总值 12001.5 亿元，省内排名第 1 位，副省级城市排名第 7 位。青岛三次产业比例为 3.2 ∶ 40.4 ∶ 56.4，人均 GDP 达到 128459 元，接近发达国家（地区）标准。

早在 20 世纪初，青岛就已首先出现了工业文明的萌芽，被称为"中国近代工业的摇篮"。中华人民共和国成立后的青岛，以棉纺织业为首的各类工业企业得到快速发展，陆续涌现出海尔、海信、青岛啤酒等世界知名的工业品牌企业，青岛已成为名副其实的"品牌之都"。青岛的工业享誉国内外，有着"上青天"之一的美誉、"五朵金花"的骄傲和"品牌之都"的辉煌。从工业产值看，1985 年突破百亿元，1996 年突破千亿元，2009 年突破万亿大关，成为全国第九个"万亿"城市。

近年来，青岛市出台了一系列关于加快发展现代服务业的政策措施，引导服务业加快发展，文化创意产业、中介服务业、物流业、会展业、科技信息服务业、房地产、金融、旅游、商贸流通等现代服务业体系不断完善。2018 年服务业增加值为 6764 亿元，占全市生产总值比重为 56.4%，对经济增长的贡献率为 55.6%；现代服务业实现增加值 3773.4 亿元，增长 9.2%，占全市 GDP 比重为 31.4%。

青岛因海而生、向海而兴，海洋是青岛最大的优势和最鲜明的特色。2018 年青岛实现海洋生产总值 3327.1 亿元，增长 15.6%，占生产总值的 27.7%。青岛海岸线 817 千米，海岛 120 个，海湾 49 个，海域面积达 12240 平方千米，比陆域面积多 1000 平方千米，海上青岛大于陆上青岛。青岛海洋生物资源丰富，胶州湾有鱼类 100 多种，可利用渔业资源达 110 万吨以上。青岛与日、韩隔海相望，拥有条件非常好的天然深水港，青岛港与全球 177 个港口保持通航。2018 年，青岛港货物和集装箱吞吐量分别达到 5.4 亿吨、1931.5 万标箱。青岛是全国海洋科技名城，具有较成体系的海洋科研力量。青岛拥有国内涉海大学和研究机构 26 家，部级以上涉海高端研发平台 34 家，拥有包括 18 位涉海院士在内的一大批科研人才，海洋科研力量在国内城市中首屈一指。此外，青岛有比较完整的海洋产业体系和有一批涉及海洋产业的功能园区，被评为国家级海洋生态文明建设示范区、国家首批海洋经济创新发展示范城市。

四、交通与资源

青岛拥有青岛流亭国际机场、青岛胶东国际机场（在建）等民用机场。截至 2018 年底，开通航线 193 条、通航城市 125 个。其中，国内航线 160 条、通航 99 个城市，国际航线 30 条、通航 23 个城市，地区航线 3 条、通航 3 个城市。青岛港与世界 130 多个国家和地区的 450 多个港口有贸易往来，港口吞吐量跻身全球前十位。截至 2018 年底，全市公路通车总里程 14845.5 千米，路网密度 134.2 千米/百平方千米。其中，高速公路 836.1 千米，居全省第 1 位。随着济青高铁、青连铁路、董家口疏港铁路建成通车，时速 350 千米高铁实现零突破，青岛境内铁路达到 11 条，总里程 576 千米，形成高效集约化的铁路运输体系。

青岛有属于国家一、二类保护的珍稀动物 66 种，其中一类保护动物有 52 种，特殊动物有白沙河产的仙胎鱼。青岛区域内野生无脊椎动物种类很多，大致可归纳为森林昆虫和农业昆虫；驯养动物主要有牛、马、羊、猪、狗等家畜和鸡、鸭、鹅等家禽。

青岛地区植物种类丰富繁茂，是同纬度地区植物种类最多、组成植被建群种最多的地区，有植物资源种类152科、654属、1237种与变种（不含温室栽培种及花卉栽培类型）。青岛特有的四大珍稀植物为青岛老鹳草、青岛薹草、胶州卫矛、青岛百合。其中青岛百合为世界独有，已列入国家稀有濒危植物名录。青岛耐冬，是山茶科植物，花期长达半年之久，与月季同为青岛市的市花；青岛雪松为青岛的市树。

青岛海区港湾众多，岸线曲折，滩涂广阔，水质肥沃，是多种水生物繁衍生息的场所，具有较高的经济价值和开发利用潜力。胶州湾、崂山湾及丁字湾口水域营养盐含量高，补充源充足，水中有机物含量较高。尤其是胶州湾一带泥沙底质岸段，是发展贝类、藻类养殖的优良海区。该海区的浮游生物、底栖生物、经济无脊椎动物、潮间带藻类等资源也很丰富。

青岛市矿产资源丰富，已发现各类矿产44种，已被开发利用的有27种。其优势矿产资源有石油、黄金、石墨、饰材花岗岩、饰材大理岩、透辉岩、滑石、沸石岩。黄金主要分布在平度、莱西，其中平度年黄金产量5.7吨，莱西山后金矿已成为山东黄金新的增长点。莱西石墨探明储量687.11万吨，在全国乃至世界范围占有重要地位。青岛市区以及平度、胶南的花岗岩品级很高，天安门广场的人民英雄纪念碑就是选用市区浮山的石材。崂山盛产黑水晶和海底绿玉。

青岛的风能资源丰富。据测定有效风能密度为240.3瓦/平方米，有效风能年平均时间达6485小时。青岛的光能资源也较好，全年太阳辐射总量为500千焦/平方厘米，年平均日照时数为2550.7小时，日照百分率达58%。

五、历史沿革

美丽的青岛，古老而年轻。

说它古老，是因为青岛的历史文化源远流长。越王勾践会盟诸侯，在这里设台；徐福东渡日本，从这里启航；春秋战国时期的齐长城遗址，尚依稀可辨；田单火牛阵破燕，使即墨古城名垂青史；秦始皇三登琅琊，威慑四方；田横岛五百义士殉节，令后人敬仰；被誉为瑰宝的天柱山魏碑摩崖石刻，使崖壁生辉。

说它年轻，是因为青岛作为港口城市崛起只有一百多年，青岛因为胶州湾而兴盛。青岛地区昔称胶澳。清光绪十七年（1891年），清政府议决在胶澳设防，青岛由此建置。翌年，调登州镇总兵章高元率部移驻胶澳。1897年11月，德国以"巨野教案"为借口强占胶澳，并强迫清政府于1898年3月6日签订《胶澳租界条约》，胶澳沦为殖民地，山东也划入德国的势力范围。第一次世界大战爆发后，1914年11月，日本取代德国侵占胶澳，进行军事殖民统治。

第一次世界大战结束后，中国人民为收回青岛进行了英勇斗争。1919年，由于青岛主权问题，引发了著名的"五四运动"，迫使日本于1922年2月4日同中国政府签订《解决山东悬案条约》。同年12月10日，中国收回胶澳，开为商埠，其行政区域与德国胶澳租界地相同。1929年4月，南京国民政府接管胶澳商埠，同年7月设青岛为特别市，1930年改称青岛市。1938年1月，日本再次侵占青岛。1945年9月，国民党政府接收青岛，青岛仍为特别市。

1949年6月2日，青岛解放，青岛被改为山东省省辖市。1981年，青岛被列为全国15个经济中心城市之一；1984年4月，青岛被列为全国14个进一步对外开放的沿海港口城市之一；1986年10月15日，青岛被国务院正式批准在国家计划中实行单列，赋予省一级经济管理权限；1994年2月，青岛被列为全国15个副省级城市之一。

六、旅游资源

青岛，依山傍海，山峦葱郁秀丽、叠嶂起伏，大海三面环绕、碧波拥翠，绿树掩红瓦，碧海映蓝天。素有"神仙窟宅""灵异之府"之称的海上名山——崂山以及著名的历史遗迹琅琊台、即墨古城等名胜，或山海紧错、气势雄伟，或岚光变幻、云气离合。得天独厚的地理环境、极具特色的城市风光、丰富的自然旅游资源和人文景观，构成了青岛集中华文明与欧陆风情为一体的"海光、山色、洋城、古郊"风景画卷，在中华大地独树一帜，为世人瞩目神往，被国务院评为国家历史文化名城。

2018年，青岛市接待国内外游客1亿人次，实现旅游消费总额1867.1亿元。其中，接待入境游客153.6万人次，实现旅游消费11.6亿美元；接待国内游客 9848.9 万人次，实现旅游消费 1651 亿元。截至 2018 年年底，青岛市 A 级旅游景区有 120 家。其中，5A 级旅游景区 1 处，4A 级旅游景区 26 处，3A 级旅游景区 73 处。青岛市星级饭店数量为 99 家。其中，五星级饭店 10 家，四星级饭店 25 家，三星级饭店 60 家。

青岛海滨曲折漫长，水域辽阔，前海沿从西向东有团岛湾、青岛湾、汇泉湾和汇泉角、太平角等海湾。可供旅游观光的滨海步行道、东海路、香港路和澳门路，串起了汇泉广场、中华文明雕塑一条街、五四广场、音乐广场、海滨雕塑园、青岛大剧院、极地海洋世界等一系列景点，构成一幅幅海滨都市的现代景观，令人目不暇接。东部石老人国家旅游度假区于 1992 年经国务院批准成立，是集观光、度假、节会、体育于一体的综合性度假区。西海岸的金沙滩是中国沙质最细、面积最大、风景最美的沙滩之一，被冠以"亚洲第一滩"的美称。

崂山风景名胜区由 9 个风景游览区、5 个风景恢复区及外缘陆海景点三部分组成。其主峰巨峰海拔 1132.7 米，是中国 18000 千米大陆海岸线上最高的山峰，素以"海上名山第一"和"道教名山"而著称，为国务院审定公布的国家重点风景名胜区，也是全国文明风景名胜区、国家 5A 级旅游区和全国文明风景旅游区示范点。崂山气候温暖湿润，冬无严寒，夏无酷暑，突出表现为"春凉回暖晚，夏温热雨多，秋爽降温迟，冬暖少雨雪"的气候特征；其历史悠久，古迹荟萃，是中国的千年道教名山，有"道教全真天下第二丛林"之称。崂山山石奇特，千姿百态，是大自然赐予的一座"天然地质雕塑园"。其林木葱郁，生机盎然，古树名花遍布。此外，其物产资源丰富，矿泉水、海底玉、水晶石和各类珍稀名贵中药材等闻名遐迩。

百年沧桑与东西方文化交融、多元化的城市文化积淀，使得青岛仍然保存着完整的百年老街、欧陆别墅区。青岛的异域建筑种类繁多，其标志性建筑和代表性建筑群有小青岛灯塔、栈桥、原德国胶澳总督府、总督官邸、天主教堂、基督教堂和八大关别墅区等。这里的每一座建筑，都记录着一段城市变迁史，演绎出一个个动人的故事，很多中外影视片曾在这里拍摄。每年夏秋之间，身着婚纱礼服的一对对新人，都会徜徉在青岛海滨的山水之间，摄影留念，留下他们"海誓山盟"的浪漫之旅。八大关建筑群2005年荣膺"中国最美城区"称号；2009年入选首批十大"中国历史文化名街"。

青岛乡村旅游资源丰富。各区市充分利用茶、花、果、渔、菜等资源，发展了观光、运动、休闲、娱乐、餐饮、住宿、购物等乡村旅游产品，涌现出了石老人观光园、青岛蔬菜科技示范园、百果山都市休闲度假区等乡村旅游示范点33家，其中国家级乡村旅游示范点18家。以"崂山茶苑"等农业旅游示范点为代表的"茶"系列旅游产品，以枯桃花卉、城阳牡丹园等园区为代表的"花"系列旅游产品，以大泽山葡萄节、北宅樱桃节、鹤山柿子节、城阳山色峪樱桃节等品牌为代表的"果"系列旅游产品，以会场渔村、红岛蛤蜊、产芝水库淡水鱼等品牌为代表的"渔"系列旅游产品，以青岛蔬菜科技园等品牌为代表的"菜"系列旅游产品，以"山海人家""山里人家"等品牌为代表的乡村民俗体验游系列产品，构筑了"茶、花、果、渔、菜"乡村旅游产品体系。

七、文化艺术

青岛，物华天宝，人杰地灵，5000多年前就已孕育了灿烂的原始文明，从大汶口文化、龙山文化、岳石文化到商周文化，历史的轨迹描画了青岛文化的进程，揭示了青岛丰富的文化内涵。先秦时期，齐桓公、齐景公均曾来此。秦汉时期，秦始皇、汉武帝数次登临，秦始皇在琅琊还留下刻石，组织徐福船队入海求仙，是中国大规模航海活动的最早组织者、指挥者，为青岛乃至中国的海洋文化做出不可磨灭的贡献。秦汉以来，高僧法显、诗仙李白、白居易、苏东坡、丘处机、顾炎武、蒲松龄等，或流连于此，或留下了千古名篇。

近代新文学运动期间，青岛文化事业有较大发展。1929年，青岛创办了第一个文学刊物《青潮》。一些新文学运动的积极活动者，如老舍、洪深、杨振声、闻一多、沈从文、梁实秋、汪静之、王亚平、吴伯箫、张友松等先后来青岛就教于各学校，并进行了大量的文学创作和艺术活动。小说、散文、诗歌、外国文学翻译、电影文学、戏剧、曲艺、音乐、绘画、摄影、电影等全面兴起，文学社团、戏剧社团、美术社团、音乐社团纷纷建立，文化艺术创作活动趋向繁荣。

进入 21 世纪，随着现代艺术中心、青岛大剧院、市人民会堂、青岛音乐厅、市博物馆、市美术馆、市群众艺术馆等公共文化设施的规划建设，青岛市的文化基础设施建设迈上了一个新台阶，大大丰富了市民文化活动阵地。2018年底，全市拥有公共图书馆 12 个，藏书册数达到 7479 千册，阅览席位达到5866 张；拥有文化馆 12 个，艺术表演场所 10 个，艺术展览机构 5 个。公共文化设施的增多，为满足人民群众日益增长的精神文化需求发挥了巨大作用。

八、民族与宗教

青岛市属于少数民族散居城市，根据第六次人口普查统计，全市有少数民族常住人口 7.67 万人，占全市总人口的 0.88%，涉及少数民族 50 个。其中，人口最多的少数民族为朝鲜族，占少数民族人口的 52.15%。青岛市 1000人以上的少数民族有朝鲜族、满族、回族、蒙古族、维吾尔族、苗族、彝族、壮族、土家族 9 个，有青岛市民族团结进步协会和青岛市少数民族经济发展促进会等 2 个民族社团。

截至 2018 年底，青岛市有全市性宗教团体 6 个（市天主教爱国会、市基督教三自爱国运动委员会、市基督教协会、市佛教协会、市道教协会、市伊斯兰教协会），依法登记的宗教活动场所 159 处，宗教教职人员 236 人，信教人数 15.72 万人。

九、民俗风情

青岛地区是东夷族的发祥地，有着自己独特的风尚习俗。经与中原文化融合，特别是近代五方杂居，又兼收并蓄了外来文化，使之风尚习俗特点更加明显，内涵更为丰富。平度与胶南的年画和莱西的剪纸等最具代表性，中华人民共和国成立后部分年画被国家收为珍品，部分流传到国外。茂腔、柳腔和吕剧以及胶州秧歌等戏、舞最受青岛地区城乡人民的青睐，踩高跷、跑旱船、跑驴、舞龙灯、舞狮也十分兴盛。在民间游艺中，还有许多传统的儿童游戏和欧洲的儿童游戏，有的仍在市区和农村中盛行。

十、特产与美食

青岛的特产有青岛啤酒、崂山矿泉水、崂山石、崂山绿茶、崂山拳头菜、西施舌、流亭猪蹄、青岛大包、青岛锅贴、李村脂渣、胶州大白菜、胶州湾杂色蛤、大泽山葡萄、马家沟芹菜等。青岛盛产名贵的海参、扇贝、鲍鱼、海螺、梭蟹、石夹红蟹、鲅鱼、黄花鱼、琵琶虾、大对虾、加吉鱼等。

崂山绿茶，是江北绿茶的发源地，被誉为江北第一绿茶。崂山拳头菜，属凤尾蕨科，为稀有山珍，产于崂山巨峰东南坡的高海拔滨海地带。西施舌主要分布于崂山和胶南沿海。胶州大白菜，南方称为胶菜，是山东名产。青岛杂色蛤，20 世纪初从菲律宾引入，红岛和红石崖的杂色蛤口感最佳。平度大泽山葡萄，栽种历史 300 余年，是我国东部品质最好的食用葡萄产地。崂山奶山羊，是德国莎能羊与当地羊交配，历时 80 多年固定的品种，年均产奶579 千克，曾作为礼物赠给泰国皇后。仙胎鱼是青岛特有的淡水鱼类，生长于崂山峡谷，海中越冬，明朝时就已成为贡品。

◆知识拓展

青岛市市名以古代渔村青岛得名。别名：岛城、琴岛。

技能训练

完成技能训练，进行小组模拟导游。

训练一：介绍青岛的地理位置。

训练二：介绍青岛的历史沿革。

训练三：讲解青岛的旅游资源。

训练四：讲解青岛的风物特产。

项目三 巡海踏浪海滨游

▷项目导读

青岛海滨风景区作为国务院 1982 年首批公布的国家级风景名胜区，是首批 4A 级国家旅游区，是中国唯一享有"世界最美海湾"美誉的景区。本模块围绕栈桥、五四广场、八大关、奥帆中心以及海底世界五个任务开展教学活动，让学生能够掌握海滨风景区的概况、特色，学会针对不同团队灵活进行讲解。

▷项目建议

1. 在日常教学活动中，借助学校功能实训教室，创设景区实践教学场景，进行室内虚拟仿真模拟导游实训。

2. 邀请优秀导游员进行实地示范导游，学生观摩学习，感受名导风采。

3. 组织学生进行市内景区志愿导游，教师现场指导，提升导游讲解能力。

▷学习目标

1. 掌握栈桥景区的概况、历史沿革、主要建筑以及周边景点。

2. 掌握五四广场的广场由来、主要景点以及音乐广场。

3. 掌握八大关的历史沿革、景区特色以及重要建筑。

4. 掌握奥帆中心的概况、主要景点以及灯光秀。

5. 掌握海底世界的概况以及主要景点。

6. 能在实践中灵活应用、模拟导游。

任务 3 百岁栈桥

◆ 任务描述

栈桥是青岛的象征，只要您喝过或者见过青岛啤酒，对栈桥一定不陌生。来自青岛旅游学校导游专业的学生承担这次介绍栈桥景区的社会实践任务，他们需要做好哪些知识准备，才能给游客留下美好的第一印象呢？

请带着这个任务继续学习。

◆ 任务分析

一、认识栈桥的地位

青岛游览的第一站是栈桥。享誉海内外的青岛啤酒的商标就是以栈桥为图案设计而成的，栈桥的美丽身影伴随青岛啤酒的芬芳而驰名中外。栈桥是青岛的象征，是青岛人的骄傲。在 20 世纪 30 年代，栈桥曾被誉为"青岛市内十景"之首、"青岛 24 景"之一，南来北往的文人墨客都曾为它写下了赞美的诗词，国内外的重要宾客、知名人士来青岛观光时，都要登临栈桥，欣赏海滨风光。

二、认识栈桥的地理位置

位于青岛市市南区海滨、青岛湾北侧。

与小青岛隔水相望，其北端与中山路成一直线相连 。

三、认识栈桥的历史

有着 100 多年历史的栈桥，既目睹了青岛的沧桑岁月，也见证了青岛的成长历程。

1891 年，清政府下诏书后，青岛（时称胶澳）开始有了建制。

1892 年，清政府派登州总兵章高元带四营官兵驻扎青岛，为便于部队军需物资的运输而建了两座码头，其中的一座就是现今的栈桥。当时的栈桥长

200 米，宽 10 米，而且称谓不一，有海军栈桥、前海栈桥、南海栈桥、李鸿章栈桥、大码头等叫法。另一座码头是位于总兵衙门前方的"衙门桥"，长100 米，宽 6 米，亦称"蜗牛桥"。这两座码头都是中国工程师自己设计的，是青岛最早的码头。由于栈桥是当时唯一的一条海上"军火供给线"，谁控制了栈桥，谁就控制了胶州湾，因此，栈桥在青岛的地理位置就显得非常重要。

1897 年，德军以演习为名，从栈桥所在的青岛湾登陆，用武力占领了青岛，因此，栈桥成为德军侵占青岛的见证。

德国侵占青岛后，于 1901 年 5 月将原栈桥的北端改为石基，水泥铺面，在南端钢制桥架上铺置木板，并建轻便铁轨，将桥身延长到 350 米，仍为军用码头。

1904 年大港第一码头建成后，栈桥逐渐失去了作为军用码头的历史使命，开始向游人开放。

第一次世界大战期间，日本从崂山仰口登陆占领青岛后，在此举行阅兵式，以此证明其对青岛享有"充分主权"，栈桥也因此成为日本侵华的见证。

1922 年，青岛被中国北洋政府收回后，中国水兵在栈桥附近阅兵。

1931 年，南京国民政府出巨资由德国信利洋行承包重建栈桥，桥身加长到 440 米。桥南端增建了箭头形的防浪堤，并在防浪堤上修建了具有民族风格的回澜阁，整个工程至 1933 年 4 月竣工。栈桥从此成为青岛第一景。

中华人民共和国成立后，人民政府多次拨款对栈桥进行维修。1985 年，青岛又对栈桥进行了大规模的全面维修，两侧围以铁索护栏，12 对欧式桥灯相峙而立，外铺花岗岩石台阶；1998 年年底至 1999 年 6 月，市政府再次拨款对栈桥进行了大规模整修，此次维修既达到了防风浪、防腐蚀、保持原有风韵的要求，又与两侧护岸设施相匹配，增加了美观效果，使整个桥体焕发了青春。

2001 年，包括栈桥在内的海滨风景区，被国家旅游局评为首批 4A 级旅游景区。

2013 年 5 月 26 日，青岛遭暴雨袭击，5 月 27 日清晨青岛栈桥中段东侧出现了一处 30 多米长的塌方；2014 年 4 月 25 日，在经过了 11 个月的加固维修后，栈桥重新运行开放。

四、回澜阁

"回澜阁" 3 个字最初是由当年的青岛市市长沈鸿烈题写的，不幸的是匾额在日本第二次占领青岛期间被掠往日本，作为侵华战争的 "功绩" 放在日本东京陆军博物馆内。现在的 "回澜阁" 3 个字为书法家舒同所写。

该建筑为二层八角凉亭，亭子由彩色琉璃瓦所覆盖，24 根红漆柱子支撑，阁心有螺旋形楼梯，楼上四周为玻璃窗。进入回澜阁内眺望周围的景色，既可欣赏到 "一窗一景，一景一画" 的神奇与美妙，又能全方位地看到美丽的青岛湾和周围的各个景点以及著名建筑。

五、认识栈桥周边景点

与栈桥在一条南北直线上的这条路是著名的老商业街——中山路，有着 100 多年的历史。

与栈桥几乎垂直的这条路称太平路，太平路上有许多老建筑，有的已经被纳入青岛市旧城改造保护中。

栈桥西边的这个沙滩是栈桥海水浴场，是市区浴场中最小的一个，与繁荣的中山路相邻，而且周围环境十分优美，可同时容纳上千名游客戏水。

山东省国际贸易大厦是一座玻璃幕墙楼，于 1991 年 1 月动工，同年 12 月底封顶，在施工过程中运用了新技术。它共有 39 层，地下 3 层，地上 36 层，高 118.5 米，是 20 世纪 90 年代齐鲁第一高楼。

青岛海关大楼建于 1992 年 10 月，共 26 层，地上 24 层，地下 2 层，高 139.9 米。青岛海关虽然以青岛命名，但却是山东口岸进出境监督的总管理机关。

青岛故宫文创馆位于栈桥西侧，依托故宫博物院、凤凰卫视品牌的平台资源，是由青岛海诺投资发展有限公司倾情打造的以《清明上河图》为主题的大型文化与体验空间，是 "文化＋创意＋科技" 的文化旅游新融合和新探索。

回澜阁对面的那座小岛是 "小青岛"。

在小青岛南面还有一座岛,那就是薛家岛,又名"凤凰岛",因该岛的形状如飞凤而得名。2004 年该岛改名为"凤凰岛度假村",拥有青岛最优美的沙滩之一——金沙滩。

小青岛东面停泊着许多军舰,这是中国海军博物馆;往北看,靠近海岸的那座古典建筑是天后宫,远处楼群中那两座高高耸立的塔楼,就是天主教堂。

◆ 知识拓展

小青岛

小青岛隶属青岛海滨风景区,位于胶州湾入海口北侧的青岛湾内,美景天成。其海拔仅为 17.2 米,面积也只有 0.012 平方千米。该岛小巧如螺,山岩秀丽,林木葱茏,因此得名小青岛。每当繁星满天、海天一色之际,抑或皓月当空的夜晚,不管春夏秋冬,不论阴晴雨雪,远望波涛翻滚的青岛湾,但见"茫茫海湾有红灯,时明时灭自从容,翠岛白塔沐夜色,琴屿飘灯传美名",这就是青岛海滨之夜名传遐迩的胜景——"琴屿飘灯"。

清乾隆十六年(1751 年)的《灵山卫志》载:"小青岛在淮子口对岸,入海者必由之道。"因该岛形如古琴,水如弦,风吹波音铮铮如琴声,故又被人们称为"琴岛"。德国占领青岛时,将小青岛命名为"阿克那岛"。1914 年日本取代德国占领青岛后,将该岛改为"加藤岛"。青岛回归后,胶澳督办公署将其命名为"小青岛",并于 20 世纪 30 年代初开辟为"小青岛公园",设有茶厅、花圃、石凳、石椅,辟建了道路,修筑了游艇码头,游人可乘船前往。日本二次侵占青岛后,小青岛成为日军驻地,此后一直被作为军用。1988 年夏,经重新规划建设,小青岛遍植黑松、樱花、碧桃、石榴、木槿、紫薇等花木,婀娜的琴女雕塑,别致的花廊、水榭,为小青岛平添了几许妩媚。

站在小青岛上看青岛市区,碧海蓝天相辉映,半城绿树半城楼,一幅美妙绝伦的城市画卷尽展游客眼前。身临如此的山水佳境,"领略青山不在多,水中一岛小如螺。云鬟别有飘萧态，似向风情浴晚波"的诗情画意，让人久久难以忘却。

（资料来源:《青岛旅游》）

📢 **技能训练**

完成技能训练，进行小组模拟导游。

训练一：介绍栈桥的地理位置。

训练二：介绍回澜阁。

训练三：讲解栈桥周边的景点。

训练四：讲解栈桥的历史。

任务4　能量五四广场

◆任务描述

五四广场作为青岛市知名的一处文化广场，吸引了来自于五湖四海的朋友们。作为青岛市一名志愿导游，带领游客朋友们参观游览五四广场时，需要做好哪些知识方面的储备呢？

请带着这个任务继续学习。

◆任务分析

一、广场的由来及概况

五四广场背倚市政府大楼，南临浮山湾，南北纵长700米，总面积10余公顷，是一处集草坪、喷泉、雕塑于一体的现代化风格的广场。

五四广场因"五四运动"而得名。众所周知，1919 年爆发的伟大的反帝爱国运动——五四运动的导火索是青岛的主权问题。自 1897 年德国占领青岛后，中国人民就一直为收回青岛主权而努力。1914 年日本取代德国占领青岛后，进而提出分割中国的"二十一条"，企图长期"合法"占领青岛，引起全国人民的强烈反对。第一次世界大战结束后，1919 年 1 月在法国巴黎召开的"和平会议"上，中国作为战胜国出席会议，提出了收回青岛主权等正当要求，却遭到英、法、美、日等国的拒绝，青岛主权被西方列强强行转让给日本。消息传来，举国震惊，北京学生于 5 月 4 日举行游行示威，强烈要求拒签合约，高呼"誓死力争青岛主权""还我山东，还我青岛"等口号。学生的爱国行为得到全国人民的支持，在举国反对声中，中国北洋政府被迫拒绝在巴黎和会上签字，粉碎了日本企图永久侵占青岛的阴谋。在中国人民的英勇斗争下，终于在 1922 年 12 月 10 日收回了青岛主权。

鉴于青岛与"五四运动"这一特殊的关系，青岛市委、市政府决定将新建广场命名为"五四广场"。

二、喷泉与下沉广场

旱地点阵喷泉，虽然外表看起来只是普通的石面广场，实际上却隐藏着横 9 排、纵 8 排、共计 72 处地下喷泉，可以按不同形状和高度进行喷射。

下沉式广场，由半圆形四级观众看台和圆心形露天舞台组成，舞台地下的地下室则是五四广场的办公室和总控制室。每逢节假日及重大活动时，这里都会举办大型演出。

三、"五月的风"

"五月的风"作为青岛市新市区的标志性建筑，是一个高大、雄伟的火炬形红色雕塑。它重 700 吨，高近 30 米，直径 27 米，是当时全国钢质雕塑中重量最大的一个。"五月的风"雕塑突出了青岛作为"五四运动"导火索这一历史背景，深含着催人向上的浓厚意蕴。火红色螺旋向上的钢板结构组合，以简练的手法、简洁的线条和厚重的质感表现了一股腾空而起的劲风，给人以力量的震撼。它激励着人们弘扬"五四"爱国主义精神，奋发图强，迎接新世纪的到来。

四、百米喷泉

这是我国第一座海上百米喷泉，其设计采用先进的高压水泵，喷涌的水柱高达百米。因为是从海里直接抽取海水，所以在设计时选择了距岸边 160 米的距离，防止喷泉的水雾对岸边的设施及草坪腐蚀和盐化。

五、市政府办公楼

五四广场被分为南、北两部分。广场北面的那座高大雄伟的建筑是青岛市级机关办公大楼，楼高 53.1 米，共 15 层，总建筑面积 71521 平方米，坐北朝南。大楼外观造型简洁明快，严肃庄重，气度非凡，其南面为正方形网状，隐喻着党政机关作风严谨、纪律严明、正气凛然。自 1994 年 7 月份开始，中共青岛市委、市政府各部门相继迁入新市政府办公楼。新建的市级机关办公楼已成为青岛建制百年的标志性建筑。同时，它也标志着市委、市政府"东迁战略"取得了阶段性的成果，为进一步加快东部新区的建设，早日建成青岛市新的现代化政治、经贸、文化中心打下了坚实的基础。

六、音乐广场

青岛市音乐广场位于澳门路东端，北接青岛市少年儿童活动中心，东邻五四广场。音乐广场以绿化、音乐、休闲为主题，1999 年 3 月开工建设，同年 9 月竣工开放，是青岛市一处独特的、具有全新理念的文化广场。广场分为树阵区、偏心园广场、软雕塑区、椭圆广场区、音乐观海台、地下购物商场六大区域，配以先进的照明、音响设备，形成了音乐广场独特的文化娱乐景观。

音乐广场的中心景观是"音乐之帆"，是由进口膜结构张拉而成的锥形软体雕塑。雕塑高 20 米，通体为乳白色，分为两片，约有 5 米的高度差，由 15 个锚点拉固。帆下的巨大钢琴是中国海洋大学研制的，俗称"钢琴网王"，演出时必须要同时两个人来演弹奏。每逢节庆，这里常常乐声飘飘，歌声阵阵。

音乐广场两侧装有专业音响和多个背景音响，使游人无论身在何处，均可获得音乐的享受。每当夜色降临，音乐广场灯光旖旎，已经成为岛城人民夜晚文化生活的重要场所。

⇨知识拓展

广场文化

随着我国经济发展和社会进步，人民生活水平日渐提高，对文化娱乐生活的要求随之提升，城市广场如雨后春笋般建设，广场文化也应运而生并不断发展，成为现代化城市的标志与文化象征。

广场文化的主要载体是各种含有文化与审美意味的艺术性活动，具有广泛性、多样性、灵活性和公益性等特殊功能，使其被老百姓亲切地称之为"没有围墙的剧院"。

广场文化以其鲜明的时代气息，缤纷的地方特色，为城市现代文明增添了一道亮丽的风景，为社会文化的发展注入了新的活力，成为宣传主旋律的重要阵地。因此，充分发挥广场文化的各项功能，对于提高市民文化生活质量、提高城市文化品位具有重要意义。

1. 思想教育功能。广场文化成为寓教于乐的大众课堂。每当重大的节庆之日或是重要的纪念日，广场不仅仅是一个大型聚会活动之地，更是一个良好的、大规模的宣传教育课堂。将宣传教育的主题寓于丰富多彩、形式多样的活动中，广大群众在喜闻乐见中接受教育，在潜移默化中陶冶情操，在启迪感悟中净化灵魂。

2. 休闲娱乐功能。广场文化是荟萃群众文化的开放式大舞台，是市民休闲娱乐交际的开放式大客厅。这些群众演、群众看的自娱自乐活动，让群众获得一种心灵的慰藉、一种自我表现的满足和精神上的愉悦。

3. 繁荣文化功能。广场文化是大众文化的缩影，大众文化的特点和内容在广场文化上都可得到体现。

4. 传播信息功能。广场文化是连接人与人之间、政府与市民之间的纽带，也是各种信息发布、传递和辐射的好频道。文化搭台，经贸唱戏，商家为扩大知名度也积极参与到广场文化中来，实现了企业效益和社会效益的双赢。

作为城市品位的新窗口，广场文化不是简单的"广场＋文化"，而是在广场中体现文化、反映文化、创新文化。广场文化作为构建和谐社会的一部分，其文化价值、美育价值以及文化产业价值等需要我们不断研究和挖掘，使其能真正成为城市文化的新资源，体现出城市的个性与文化品格。

技能训练

　　根据理论知识的学习，邀请学生模拟讲解图中的景点。

　　请分析探讨模拟讲解的优点和不足，以提升服务水平和沟通技巧。

任务5　浪漫八大关

▶任务描述

在青岛八大关一带漫步，你会恍惚觉得是在欧洲的某个小城。近百幢西式别墅庭院造型迥异，流连其中，花木扶疏，海风轻柔，充满了异国风情。作为一名志愿导游，怎样才能将八大关的风情展示给世人呢？

请带着这个问题继续学习。

▶任务分析

青岛八大关是我国著名的旅游疗养胜地，其最显著的特色是别墅建筑风格的多样性。据统计，八大关景区内的建筑群中汇聚了俄罗斯、德国、英国、法国、美国、丹麦、西班牙、希腊等24个国家的建筑风格，素有"万国建筑博览会"的美誉。

一、历史沿革

从 20 世纪 20 年代以来，全国各地的达官贵人来到八大关购地建房，外国驻青岛领事馆及侨居青岛的外国人也在此建造别墅住宅，初步形成规模。

20 世纪 30 年代初，青岛市政府规划建设湛山特别区域时，将八大关地区的道路分三个阶段修建，先建 1 条，再建 6 条，最后建 3 条。这 10 条道路分别是韶关路、嘉峪关路、山海关路、武胜关路、函谷关路、正阳关路、临淮关路、宁武关路、紫荆关路和居庸关路。其中，正阳路、韶关路、临淮关路是以我国古代的税关命名，其余 7 条路则是以关隘命名。八大关这个名字正式叫响，也就是八大关最早作为独立概念，是 1958 年由青岛日报社编印出版的《青岛旅游手册》中提出的。

这里前后共建成 300 多座建筑，分布在景区内的各条街道上，独立成园，互不相连，形成了造型独特、风格迥异的别墅建筑群。别墅建筑周围均有花园式庭院和园林配置，其楼房的高度和体积都有严格的限制，一般高度为 2~3 层，建筑面积多在 500 平方米以下。自 20 世纪 60 年代起，青岛市政府对景区内各条道路及周边的树木进行了有计划的改造，景区内的每一条道路都以一种特殊的树种为代表。例如韶关路的碧桃、山海关路的法国梧桐、紫荆关路的雪松、正阳关路的紫薇、居庸关路的五角枫、临淮关路的龙柏及宁武关路的海棠等，人行道上树种各异，形成了"四季有特色，路路花不同"的景观特色。

八大关拥有丰富的历史文化内涵。这里的部分别墅在中华人民共和国成立前多为达官贵人所拥有，如宋子文、孔祥熙、沈鸿烈等均在此建有私人住宅；中华人民共和国成立以后，人民政府对八大关进行了修缮建设，增加了疗养度假区，党和国家领导人刘少奇、朱德、周恩来、邓小平、江泽民等多次来八大关休养度假和参加会议。鉴于其建筑艺术价值和人文价值，八大关不仅被列为山东省重点文物保护单位，而且于 2009 年 6 月跻身首批十大"中国历史文化名街"之列。

八大关优美的环境和风格绚丽多样的建筑，不但吸引了中外游客络绎不绝地慕名前来游览，也成为中外许多电影、电视剧的外景拍摄地。如中华人民共和国成立前后拍摄的《劫后桃花》《第二个春天》《苗苗》《青春之歌》《微尘》《硬汉》《恋之风景》等40多部影片以及《宋庆龄和她的姊妹》《我们的八十年代》《青岛廖家女》《罪证》《中国式离婚》《黑洞》《深呼吸》《冰与火的青春》等近百部电视剧都将此作为外景拍摄地，因此这里又有"天然摄影棚"之称。

八大关素来是婚纱摄影圣地。在节假日或特殊的喜庆日子里，总能看到西装革履的新郎和唯美圣洁的新娘来到此处拍摄婚纱照，演绎海誓山盟的浪漫情怀，留下人生最美好的瞬间。

二、元帅楼

元帅楼位于山海关路17号，是一座日本式建筑。1940年由在青岛的日本人所建，是两层平顶式建筑，砖混结构，建筑面积929.53平方米。楼内设有4个房间，其中一个日式套间的墙壁上镶挂着一块樱花木。据考证，该樱花木有上千年的树龄，十分罕见。院内的花园，面积虽小，却建有假山、水池，环境雅致。

1949年徐向前元帅因身体不好到青岛疗养，在这里居住，成为入住该楼的第一位元帅。随后罗荣桓、彭德怀、刘伯承、贺龙、叶剑英元帅先后下榻于此，因为中华人民共和国十大元帅中有6位曾入住该楼，所以又被称为"元帅楼"。20世纪60年代，老一辈的革命家、著名红军女战士贺子珍曾连续多年在青岛疗养，也下榻于该楼。1988年，时任中共上海市委书记的江泽民应当时在青岛的中央领导人之邀，从上海赶到青岛，亦下榻于此。

三、八大关小礼堂

八大关小礼堂始建于1959年，选用了北京人民大会堂的设计图纸，建筑面积1万余平方米，是具有民族特色的厅堂建筑，也是八大关宾馆最重要的组成部分。

八大关小礼堂当时的代号为505工程，计划建成国际会议中心。因为政治和经济等方面的原因，仅建成了地上、地下各一层的建筑，从而形成了独具特色的建筑外貌。八大关小礼堂室内设有高大雄伟的观众厅、宴会厅、小型会议厅。建成后，很多青岛市的政治性大型宴会均在此举行。邓小平、江泽民、李鹏、万里、朱镕基、杨尚昆、田纪云、吴邦国等中央领导人都曾在这里出席会议和参加宴会。1998年，市委、市政府决定对礼堂内部改造装修，目前已建成集会议、餐饮、娱乐等多项功能于一身的现代化设施，是举行国际会议的理想场所。

四、公主楼

公主楼位于居庸关路10号，始建于20世纪30年代，建筑面积721.98平方米，是一幢典型的丹麦风格建筑。公主楼通体绿色，由一座高耸的尖塔和不规则的斜顶屋面组成，南部为宽敞的方形露台，造型别致，风格独特，宛如安徒生的童话世界。

关于公主楼的来历，还有一段美丽的故事。据说在1929年，丹麦王国的王子乘"菲欧尼亚"号豪华游轮来到青岛游览观光，被八大关美丽的海滨风光所吸引。1931年，丹麦王国在青岛市馆陶路设立了领事馆，首任领事叫赵亨生。丹麦王子遂委托赵亨生在八大关海滨购置土地，按照安徒生童话中的意境设计了这座丹麦古典式建筑，准备将其作为礼物送给丹麦公主。虽然丹麦公主最终没有来青岛，但"公主楼"的名字却不胫而走，广为传播。

五、贵宾楼

八大关宾馆中的贵宾楼因接待过许多国家和政府领导人而被人称为"青岛钓鱼台"，这里有两幢别墅。

居庸关路9号是1983年修建的一座新建筑，按照五星级宾馆的标准进行的装修，是接待最高政治性任务的重要场所，俗称"国宾馆"。新楼落成后，新一代党和国家的领导人江泽民、李鹏、万里、朱镕基、杨尚昆等来青岛期间都曾在此下榻。

山海关路9号是一幢美国式建筑，建筑面积1226.22平方米。此处原为美国驻青岛领事馆所有，始建于太平洋战争之前，后被日军没收；日本投降后，该楼为美国海军第七舰队司令柯克上将的住宅楼；柯克回国后，这里又成为美国海军西太平洋舰队司令白吉尔上将的宅邸；直到1949年5月，青岛解放前夕，白吉尔率海军撤出青岛。该别墅共有4层，采用大型窗框结构，以不等高、不对称的造型体现出了现代派的建筑艺术，给人以简洁、明快的感觉。

党和国家领导人周恩来、刘少奇也曾下榻于此。

六、花石楼

花石楼位于黄海路 18 号，是八大关风景区名气最大的一处别墅式建筑。这座欧洲古堡式建筑为俄罗斯贵族（白俄罗斯）涞比池于 1931 年所建，融合了希腊式、罗马式、哥特式等多种西方建筑艺术风格，占地面积 0.3 公顷，建筑面积 753.7 平方米，由圆形和多角形石砌小楼组合而成。花石楼主楼共有 5 层，一层是会客厅、餐厅，二层是卧室，三层是咖啡室和书房，顶层为观海台，站在花石楼上凭栏观海，海滨风光尽收眼底。因楼内外除有大理石砌贴外，还嵌砌了许多鹅卵石，故被人们称为"花石楼"。

日本投降后，国民党军统特务头子戴笠多次来青岛，曾在花石楼居住。青岛解放后，花石楼为青岛人民政府交际处管理，成为接待中外贵宾的场所。党和国家领导人董必武、陈毅来青岛期间均曾在花石楼下榻。陈毅元帅所作《初游青岛》的长诗，就是他第一次来青岛疗养住在花石楼时创作的。

花石楼的建筑特色和幽雅环境也吸引了影视工作者的目光，他们纷纷选择花石楼作为拍摄地。电影《神圣的使命》《白雾街凶杀案》《总统行动》等都以花石楼作为拍摄的内景地和外景地。

由于花石楼独特的建筑艺术价值和人文价值，1992 年被山东省政府列为省级重点文物保护单位。

◈知识拓展

中国最美的五大街区

中国最美五大城区：厦门鼓浪屿（福建）、苏州老城（江苏）、中国澳门历史城区、青岛八大关（山东）、北京什刹海地区。

一、厦门鼓浪屿

鼓浪屿位于厦门岛西南隅，与厦门市隔海相望，面积 1.78 平方千米，人口 2 万多人，为厦门市辖区。鼓浪屿原名圆沙洲、圆洲仔，因海的西南面有海蚀洞受浪潮冲击，声如擂鼓，明朝雅化为今名。由于历史原因，中外风格各异的建筑物在此地被完好地汇集、保留，有"万国建筑博览"之称。小岛还是音乐的沃土，人才辈出，钢琴拥有密度居全国之冠，又得美名"钢琴之岛""音乐之乡"。岛上气候宜人、四季如春，无车马喧嚣，有鸟语花香，素有"海上花园"之誉。其主要观光景点有日光岩、菽庄花园、皓月园，毓园、环岛路、鼓浪石、博物馆、郑成功纪念馆、海底世界和天然海滨浴场等，融历史、人文和自然景观于一体，为国家级风景名胜区、福建"十佳"风景区之首、全国35个王牌景点之一。随着厦门经济特区的腾飞，鼓浪屿各种旅游配套服务设施日臻完善，成为融观光、度假、旅游、购物、休闲、娱乐为一体的综合性的海岛风景文化旅游区。

二、苏州老城

享有"上有天堂，下有苏杭"之美誉的苏州市位于江苏省东南部的长江三角洲平原，东靠上海，南界浙江，西濒太湖，北临长江。

公元前514年，吴大夫伍子胥"相土尝水""象天法地"为吴王建造阖闾大城。古城遗址至今依稀可寻。城内府衙、兵营、库房、作坊、市场、民居和娱乐场地布置井然。古城面积约为14平方千米，水陆并行，河街相邻，粉墙黛瓦，小桥流水，整体呈长方形双棋盘式。街道两旁绿树成荫，景色宜人。

苏州是中国首批公布的24个历史文化名城之一，它的历史可上溯到7000年前。在吴县唯亭镇北2000米阳澄湖南岸的草鞋山发掘出新石器时期的古文化遗址，发现陶、石、骨、玉等生活、生产和装饰用品1110多件，出土了中国最早的纺织残品（葛），表明苏州一带是中国纺织的发祥地之一。

苏州现有69座古典园林，其中网师园、拙政园、留园和环秀山庄最著名。苏州园林藏而不露，为退避尘嚣的场所。它们糅合了道、释、孔三教的思想，以山石、水流、花木和建筑等基本要素再造了大自然的缩影，具有丰富的文化内涵。苏州园林艺术充分代表了中国人的聪明才智，其造诣之高，世无伦比。

三、中国澳门历史城区

中国澳门历史城区是中国境内现存最古老、规模最大、保存最完整和最集中的东西方风格共存建筑群。它见证了澳门400多年来中西文化互相交流、多元共存的历史。正是因为中西文化共融的缘故，城区当中的大部分建筑都具有中西合璧的特色，城区内的建筑大部分到现在依然保持着原有的功能。

四、青岛八大关

青岛八大关位于青岛市汇泉角景区北部，西邻汇泉湾，南接太平湾，是最能体现青岛"红瓦绿树、碧海蓝天"特点的风景区。"一看道旁栽种的花木就知道路名"，这也形成了八大关"四季有特色，路路花不同"的景观特色。

此处汇聚了俄国、英国、法国、德国、美国、丹麦、希腊、西班牙、瑞士、日本等20多个国家的各式建筑风格，故有"万国建筑博览会"之称，同时也成为众多电影、电视外景及MV外景拍摄的理想地方。

五、北京什刹海

什刹海又称十刹海、十汉海或石版海，由西海、后海、前海组成，为一自西北斜向东南的狭长水面，位于北京市地安门西大街北海公园后门对面。

什刹海地区是北京内城保留了原有民俗文化的、富于老北京特色的传统风景区和居民保留区。东部银锭桥横跨湖上，站立桥头可饱览西山秀色，故有燕京小八景"银锭观山"之美称。

这里夏日波平如镜，垂柳依依，荷花盛开，冬季则是天然溜冰场。两岸是保存完好的王府花园、纵横交错的市井民居，与钟楼、鼓楼遥相呼应。当你踏上长堤，波光粼粼的碧水，婉约披拂的垂柳，环回宛曲的栏杆，花木葱茂的中央小岛，尽收眼底。水中有小艇可划，岸旁有露椅可坐，别有情趣。

游客一般从鼓楼经银锭桥进入什刹海景区，先在桥上体会旧时燕京八景之一的"银锭观山"，再沿后海南岸漫步，顺道参观恭王府花园、郭沫若故居，再到出售北京小吃和工艺品的"什刹海古玩市场"转一圈，时间充裕还可到后海北岸参观宋庆龄故居（原醇亲王府），再去登鼓楼和钟楼。

（资料来源：《中国国家地理》）

技能训练

训练一：

根据理论知识的学习，邀请学生模拟讲解图中的景点。

请分析探讨模拟讲解的优点和不足，以提升服务水平和沟通技巧。

训练二：

如果你是导游员，该如何介绍八大关的景区特色呢？

任务6　新地标奥帆中心

任务描述

2018年上合组织青岛峰会的召开，让青岛成为世界焦点。作为峰会主会场的奥帆中心，更是聚焦世界的目光。作为青岛的一名志愿导游，你将如何推介峰会后的奥帆中心呢？

请带着这个任务继续学习。

任务分析

一、基本概况

青岛奥林匹克帆船中心坐落于青岛市东部新区浮山湾畔，背靠燕儿岛风景区，毗邻五四广场和东海路，与市政府大楼咫尺相望。2004年5月，奥帆中心正式开工建设，必备项目于2006年6月30日全部完工。奥帆中心占地面积 45 公顷，其中场馆区占地面积 30 公顷，包括陆域工程和水域工程两部分，总建筑面积约 138000 平方米，时时处处体现着"绿色奥运、科技奥运、人文奥运"的理念。

奥帆中心曾经诞生了 11 枚金牌，第 29 届奥运会和第 13 届残奥会的点点白帆曾在这里起航。这里还曾成功举办了国际帆船赛、青岛国际帆船周等重要赛事及活动。

2018 年 6 月，上合组织青岛峰会在青岛奥帆中心国际会议中心成功举办。这场凝聚着"世界水准、中国气派、山东风格、青岛特色"的国际外交盛会大大提升了青岛的国际竞争力和影响力，更让奥帆中心成为青岛融"山、海、城、湾"为一体的标志性旅游景区。借助上合峰会的契机和国家大力发展旅游产业的宏观机遇，秉承"传播海洋文化，传承奥运精神，传续上合热度"的宗旨，奥帆中心凭借一流的场地资源，构建特色旅游产品，打造独具特色的集海、陆、空于一体的全方位旅游服务，构建多元化的滨海旅游新景观和具有东方文化底蕴的休闲旅游品牌。

二、主要功能区

（一）陆域功能区

1. 奥运分村——海尔洲际酒店

海尔洲际酒店是奥运会帆船比赛时世界各国的运动员下榻的奥运村，曾被奥委会官员称为历史上最好的帆船运动员村。在奥帆赛期间，海尔洲际酒店接待了来自 60 多个国家和地区的约 800 名帆船运动员及随队官员。海尔洲际酒店总建筑面积约 10 万平方米，由两栋 7 层和两栋 17 层的高楼组成，客房 468 间。这些高楼比较特别，采用了先进的屋顶太阳能技术，根据屋顶的结构设立太阳能板，为楼内提供泳池供热和生活热水制备。

2. 旗阵广场

旗阵广场是万国国旗竖立的地方。各参赛国国旗悬挂于此，象征着世界和平友好，同时也在宣传"同一个世界，同一个梦想"的理念。在这里还有一个富有立体感的五环雕塑，象征着世界各国运动员在奥运精神的激励下，不断进取，勇夺佳绩。

3. 行政与比赛管理中心

行政与比赛管理中心位于赛区北侧，总建筑面积约 16800 平方米，地上 6 层，地下 1 层，包括陆域和水域两部分。该中心赛时功能包括赛场管理办公区、餐厅、码头管理机构、安保机构办公区、比赛管理中心、贵宾（VIP）接待区这 6 个功能区，赛后则用作国家帆船队的海上训练基地。

4. 媒体中心

媒体中心是一座造型别致的建筑，高高的观景台宛如天鹅细长的脖颈一般。比赛时期，来自世界各国的媒体精英都会聚于此，对赛事进行报道宣传。媒体中心在建造过程中充分体现"绿色奥运"和"科技奥运"的理念，采用先进的海水源热技术，利用海水温度相对恒定的特点设计而成的"水空调"，与普通空调使用效果基本没有差异，节省了大量的能源。

比赛结束后，媒体中心一分为二，南区开辟为国际游艇俱乐部，北区建设成为奥帆博物馆。奥帆博物馆中陈列着大量的奥运文化遗产，如开幕式上的表演服装、打击道具、奥运冠军殷剑和铜牌获得者徐莉佳比赛时使用的帆船帆板等。

2018 年 6 月 9 日至 10 日，上海合作组织成员国元首理事会第十八次会议在山东青岛成功召开。这里是上合组织青岛峰会的主会场，面向奥帆中心内湾港池，外形设计寓意为"腾飞逐梦、扬帆领航"，宴会厅主体造型则如海浪中的风帆，两个场馆都契合"山水一体、海天一色"的场地环境，富有海洋特色。峰会后，青岛国际会议中心已转向企业市场化运营，秉承"注重承诺，品质服务，持续创新"的经营理念，加快"三中心一客厅"建设，即会议中心、文体中心、市民中心和城市客厅，向市民呈现奥帆新景观，成为多元化滨海旅游新景观、新地标。

（二）水域功能区

1. 陆域停船区

陆域停船区位于运动员中心与媒体中心之间，总面积约 30500 平方米，岸线为直立式岸壁，并设有下水坡道，主要功能是用作船只停放的场地，并全力将其打造成一座融休闲、餐饮、娱乐、演出为一体的码头。

2.奥运纪念墙码头

奥帆中心西侧海面上的长堤是奥运纪念墙码头，全长208米，宽30米，其主要功能是分隔不同船只停泊区域，满足水域的分类要求。在纪念墙码头的顶端耸立的巨型祥云火炬，在2008年8月9日~24日的15天间，照亮了青岛的天空，也点燃了运动员搏击风浪的激情。

3.浮码头

这是当时国内外最先进的浮码头，不但能漂浮在海中，而且可以根据船只停靠的不同需求摆放至相应位置。浮码头主体用混凝土预制而成，采用瑞典的固定拉簧专利技术，使浮码头在4.5米潮差的情况下，能够始终保持相同的吃水深度。

4.颁奖平台

在这里，举办了奥运史上首次的海上颁奖；在这里，我国奥运冠军殷剑和奥运铜牌获得者徐莉佳把五星红旗高高举起。比赛结束后，颁奖平台和后面的背景被保留下来，游客在此可以体会成为奥运冠军的心情。

5.测量大厅码头

测量大厅码头位于港区两个港池之间，全长316米，宽60米，主要为满足比赛期间的帆船测量要求。作为赛时的临时建筑，所有的参赛船只在此测量船高、船长等指标。赛后，这里建成了全国首个全海景的海上实景演出中心，为大家奉上视觉听觉的饕餮盛宴。上合峰会期间，对原有建筑的内部使用功能和外形进行了改造提升，建成了海上多功能厅。建筑主体材料采用轻盈的钢结构与膜结构，造型宛如海浪中灵动的风帆，彰显青岛这座海洋名城、帆船之都的独特魅力。

6.主防波堤

位于港区南侧的主防波堤宛如手臂一样伸向大海，长534米，宽47米，结构形式外侧采用斜坡式结构，内部采用沉箱重力式结构。

一堤两用：不仅阻挡了海浪对整个港区的侵袭，而且斜坡台阶式的设计还为观众提供了一个近距离观看帆船比赛的场所。

能源之堤：除运动员中心外，后勤中心室内制冷、采暖等方面都利用了太阳能。整个奥帆中心安装着 168 盏太阳能景观灯，41 盏风能灯，每盏灯每年可节电 6570 度，在全世界所有的奥运场馆中属于首创。

景观之堤：在这里，可以欣赏千帆竞发、百舸争流的比赛场景；在这里，可以看到 64 面参赛国国旗迎风招展；在这里，可以领略青岛现代化都市的气息。

祝福之堤：防波堤顶端的白塔采用传统的圆形塔身与白色的主题颜色，底部直径 6 米，上层灯笼直径 4 米，塔高 20.08 米，寓意着 2008 年的青岛奥帆赛。在灯塔的灯笼里，有三只 30 瓦的灯泡，通过灯塔里棱镜的作用，将光束聚在一起，对夜间进出的船只起到导航作用。

◆知识拓展

上合组织峰会

上合组织峰会全称是上海合作组织成员国元首理事会，是上海合作组织成员国国家元首参加的会议。上海合作组织的前身是"上海五国"机制。而"上海五国"机制发源于 20 世纪 80 年代末，是以中国为一方和以俄罗斯、哈萨克斯坦、吉尔吉斯斯坦、塔吉克斯坦四国为另一方的关于加强边境地区信任和裁军的谈判进程。

【正式诞生】

2001 年 6 月 14 日，"上海五国"成员国元首和乌兹别克斯坦总统在上海举行会晤，签署联合声明，吸收乌加入"上海五国"机制。15 日，六国元首共同发表《上海合作组织成立宣言》，宣布在"上海五国"机制基础上成立上海合作组织，上海合作组织正式宣告诞生。

【历届峰会】

1. 第一次峰会——上海峰会

2001 年 6 月 15 日，上海合作组织首次元首会晤在上海举行。六国元首签署了《上海合作组织成立宣言》和《打击恐怖主义、分裂主义和极端主义上海公约》。

2. 第二次峰会——圣彼得堡峰会

2002 年 6 月 7 日，在俄罗斯圣彼得堡市举行。六国元首签署了《上海合作组织成员国元首宣言》《上海合作组织宪章》和《上海合作组织成员国关于地区反恐怖机构的协定》。

3. 第三次峰会——莫斯科峰会

2003 年 5 月 29 日在莫斯科举行。六国元首签署了《上海合作组织成员国元首宣言》《上海合作组织预算编制和执行协定》，批准了《上海合作组织成员国常驻上海合作组织秘书处代表条例》《上海合作组织地区反恐怖机构执行委员会细则》、上海合作组织各机构条例、上海合作组织徽标和上海合作组织秘书长人选。

4. 第四次峰会——塔什干峰会

2004 年 6 月 17 日在塔什干举行。六国元首签署了《上海合作组织成员国元首塔什干宣言》《上海合作组织特权和豁免公约》《上海合作组织成员国关于合作打击非法贩运麻醉药品、精神药物及其前体的协议》，批准了《上海合作组织观察员条例》，设立了上海合作组织日，给予蒙古上海合作组织观察员地位。六国外长签署了《上海合作组织成员国外交部协作议定书》。

5. 第五次峰会——阿斯塔纳峰会

2005 年 7 月 5 日在阿斯塔纳举行。六国元首签署了《上海合作组织成员国元首宣言》，批准了《上海合作组织成员国合作打击恐怖主义、分裂主义和极端主义构想》《上海合作组织成员国常驻上海合作组织地区反恐怖机构代表条例》，给予巴基斯坦、伊朗、印度观察员地位。

6. 第六次峰会——上海峰会

2006 年 6 月中旬在上海举行。这次峰会适逢上海合作组织成立 5 周年和"上海五国"机制建立 10 周年，举世瞩目。经成员国协商，中方将邀请蒙古、巴基斯坦、伊朗总统和印度总理作为观察员，阿富汗总统、东盟及独联体领导人作为主席国客人出席。峰会期间，成员国元首发表宣言，还批准了本组织下任秘书长、地区反恐怖机构执委会主任人选。

7. 第七次峰会——比什凯克峰会

2007 年 8 月 16 日，第七次峰会在吉尔吉斯斯坦首都比什凯克举行。成员国元首签署了《上海合作组织成员国长期睦邻友好合作条约》。

8. 第八次峰会——杜尚别峰会

2008 年 8 月 28 日，第八次峰会在塔吉克斯坦首都杜尚别举行。会议通过了《上海合作组织成员国元首杜尚别宣言》《上海合作组织对话伙伴条例》等重要文件。

9. 第九次峰会——叶卡捷琳堡峰会

2009 年 6 月 15 日至 16 日，第九次峰会在俄叶卡捷琳堡举行。成员国元首签署了《叶卡捷琳堡宣言》和《反恐怖主义公约》等重要文件。会议给予斯里兰卡和白俄罗斯对话伙伴地位。

10. 第十次峰会——塔什干峰会

2010 年 6 月 11 日，第十次峰会在乌兹别克斯坦首都塔什干举行。会议发表了《上海合作组织成员国元首理事会第十次会议宣言》，批准了《上海合作组织接收新成员条例》和《上海合作组织程序规则》。

11. 第十一次峰会——阿斯塔纳峰会

2011 年 6 月 15 日，第十一次峰会在哈萨克斯坦首都阿斯塔纳举行。成员国元首签署了《上海合作组织十周年阿斯塔纳宣言》，对上合组织未来 10 年的发展方向做出战略规划。

12. 第十二次峰会——北京峰会

2012 年 6 月 6 日至 7 日，上海合作组织第十二次峰会在北京举行。成员国元首签署了《上海合作组织成员国元首关于构建持久和平、共同繁荣地区的宣言》等 10 个文件。会议同意接收阿富汗为上合组织观察员国、土耳其为上合组织对话伙伴国。

13. 第十三次峰会——比什凯克峰会

2013 年 9 月 13 日，第十三次峰会在吉尔吉斯斯坦首都比什凯克举行。成员国元首签署了《上海合作组织成员国元首比什凯克宣言》。会议批准了《长期睦邻友好合作条约实施纲要》。

14. 第十四次峰会——杜尚别峰会

2014年9月11日至12日，第十四次峰会在塔吉克斯坦首都杜尚别举行。峰会宣布继续制订《上海合作组织至2025年发展战略》，并正式开启扩员大门。各方还签署了《上海合作组织成员国政府间国际道路运输便利化协定》。

15. 第十五次峰会——乌法峰会

2015年7月10日，上海合作组织成员国元首理事会第十五次会议在俄罗斯乌法举行。中国国家主席习近平出席会议并发表重要讲话。

16. 第十六次峰会——塔什干峰会

2016年6月23日至24日，上海合作组织成员国元首理事会第十六次会议在乌兹别克斯坦首都塔什干成功举行，会议通过了《上海合作组织成立十五周年塔什干宣言》等多份重要文件，是一次承上启下、继往开来的重要会议。从这一新起点，上合组织将开启新的征程。

17. 第十七次峰会——阿斯塔纳峰会

2017年6月8日至9日，习近平主席出席在哈萨克斯坦阿斯塔纳举行的上海合作组织成员国元首理事会第十七次会议。外交部部长助理李惠来9日在阿斯塔纳介绍说，这是2017年中国面向欧亚地区的一次重大外交行动，对推动上合组织持续健康稳定发展、助力成员国应对威胁挑战、实现发展振兴具有重要意义。

18. 第十八次峰会——青岛峰会

2018年6月9日到10日，上海合作组织成员国元首理事会第十八次会议在山东省青岛市举行，国家主席习近平主持会议并出席相关活动。青岛峰会上，各方一致同意要为构建命运共同体加强各方面合作，并取得了以下五方面的重要成果：一是组织发展有了新规划；二是安全合作推出新举措；三是经济合作注入新动力；四是人文合作取得新成果；五是对外交往开辟新局面。

技能训练

根据理论知识的学习,设计一条旅游线路,将水陆景点串联起来。

请分析探讨模拟讲解的优点和不足,以提升服务水平和沟通技巧。

任务 7　奇妙海底世界

➡️任务描述

位于汇泉湾畔的海底世界,是青岛富有特色的旅游景点,吸引着来自四面八方的游客。作为旅游管理专业的一名学生,你如何将这极具青岛特色的景区推荐给游客朋友们呢?

请带着这个问题继续学习。

➡️任务分析

青岛海底世界是青岛海产博物馆与山东鲁信投资集团股份有限公司于2003 年共同出资建成,集海底观光旅游和海洋科普于一体,填补了我省这方面的空白,并创下多项全国第一。同时,也以其精心的设计,形成了青岛黄金海岸上一道独特亮丽的风景线,成为青岛旅游的一张名片。

一、整体概况

青岛海底世界位于青岛市莱阳路 1 号,是国家 4A 级旅游景区,建筑面积7300 平方米,地下 5 层,全部水体在 4000 吨以上,共饲养了几百种活体海洋生物。整个海底世界整合了青岛水族馆、标本馆、淡水鱼馆等原有旅游资源,与依山傍海的自然美景相融合,形成了山中有海的奇景。

二、胶州湾展区

进入青岛海底世界后第一个展区就是胶州湾展区，此处由原来的潮间带改造而成。胶州湾古称胶澳，作为青岛的母亲湾，由于多年来在其沿岸填海造地，胶州湾的水域面积正逐渐减小。而随着沿岸工业化程度的加速，排污量大增，胶州湾的纳潮量和面积不断减少，青岛近海生物种类锐减。因此，应向游客们呼吁，从自我做起，了解母亲湾，爱护青岛美丽海湾，增强民众"环湾保护"的意识，为综合保护、合理利用青岛近海资源而共同努力。

三、海底隧道

从潮间带出来，游客们就将进入青岛海底世界的海底隧道了，也就是从陆地完全转入了海洋深处。海底隧道全长 82.4 米，是由进口的高科技材料亚克力玻璃粘结制成的。这种材料最大的优点是透光性好、抗压性强，所以被广泛地用于水族馆业。青岛海底世界在国内率先采用了 180 度常规视窗、254 度大视窗、360 度圆柱视窗以及平面视窗等多种形式相结合的隧道结构造型，游客可以自由选择自动步行梯和人行道，感受与海洋之间从未有过的亲近，尽享海洋深处的美景，体验蓝色海洋的梦幻。

四、船舱通道

当身处海底世界负四层主展区的时候，游客走出海底隧道后会发现一段长约 30 米、装饰效果光怪陆离的地下通道。整个通道的墙壁模仿海盗船的甲板样式，从破碎的甲板空隙中还能看见汩汩流水，犹如激涌澎湃的海底暗流，让人产生在沉船中穿行的感觉。整个通道的地面也进行了独特的设计，前半段通过玻璃地板、珊瑚沙及灯光照射等手段，营造出船沉海底的效果，称其为"如履薄冰"；后半段则利用全钢架悬挂木板结构，经过时会让人有漂移不定之感，让游客充分体验海底沉船的感受。

五、海洋剧场

这里是青岛海底世界最大的一个展厅，右侧是海底世界最大的平面展窗，长 14.4 米，高 3.8 米，游客可以欣赏到"人鲨共舞"的惊险场面和"美人鱼"如诗如幻的水中芭蕾表演。这里在全国独家使用了当时世界上最先进的无线水下对讲系统，游客可以在欣赏惊险刺激的表演之后与潜水员进行交流，近距离感受其中的神秘与激情。这里也可以举行别开生面的水下婚礼，让千万条鱼儿见证人生幸福、庄严、愉悦的时刻。

六、圆柱展缸

位于海底世界中央表演大厅的单体亚克力圆柱展缸，贯穿海底世界三层展区，高 8 米，直径 5 米，能够盛下 100 余吨海水，有"定海神针"之称，是当时世界上最大的单体亚克力圆柱展示水体。圆柱顶部外环采用光电投影等新技术，将炫彩灯光映射到展缸外环，与缸内绚丽多彩的珊瑚造景和鱼类形成一个色彩斑斓、绚丽多姿的奇幻世界，将神秘莫测的海底珊瑚世界生动、逼真、完美地还原到游客眼前，令人目不暇接、流连忘返。

七、"梦之蓝"精品区

青岛海底世界在 2014 年五一假期前对海洋生物精品区进行了全新改造，推出了"梦之蓝"海洋生物精品主题展。进入梦幻的蓝色流线型精品展区，游客会看到运用光学原理和高科技手段建造的三个新式展缸，能够观赏到美丽神奇、多姿多彩的海洋精灵。这里有全球首例研发成功的转基因观赏鱼——荧光鱼，这里有海洋"活化石"之称的鹦鹉螺，这里还有全身都是鲜艳蓝色的"蓝魔鬼"、有"海底萤火虫"美誉的发光鱼……

八、教育互动区

海洋科普实验室作为青岛市科普教育基地之一，是青岛海底世界的最后一个景区，重点突出的是教育互动功能。2015 年元旦，经过两个月施工、投资近百万的 "海底科普互动室"正式启用。这里设置了唯美至极的透明鱼标本、彩色显示屏展示数码显微镜里的微观世界、触摸亲亲鱼（鱼医生）等有趣的海洋科普互动项目，深受游客们的喜爱。这里还有国内首次展出的巨螯蟹历时 18 小时"凤凰涅槃"的脱壳过程以及鲨鱼卵、牙齿标本等项目，让人过目不忘。

◆>知识拓展

青岛海昌极地海洋公园

青岛海昌极地海洋公园位于风景秀丽的石老人国家旅游度假区，是国家AAAA级旅游景区，于2006年7月22日正式开业，是集吃、游、购、娱为一体的大型海洋主题公园。

2014年景区全新升级改造，开发以情境化为基础的体验式旅游项目，将场馆重新划分为极地大厅、极地广场、维京部落、海底世界、极地表演场、欢乐剧场六大区域，并在馆内新增高科技科普互动设备、动漫故事演绎、探险情景体验、亲子互动娱乐、5D动感体验馆等项目，全方位、多层次地为游客打造科普性、娱乐性、互动性更强的情景式海洋主题公园。

"深海奇幻"体验馆占地2000平方米，分为九大区域，是青岛海昌极地海洋公园继极地海洋馆、欢乐剧场、5D动感体验馆之后的又一巅峰力作。场馆主体呈现抽象主体结构，不规则中带有律动感，深入体现"深海奇幻"这一主体概念。入馆后，仿佛置身于连接陆地与海洋的异次元空间，为游客开启一场闻所未闻、难以想象的奇幻深海体验。值得一提的是，在这个通往未知与奇幻的空间中，大量引入了各色各样幻影成像的AR、VR科技，虚实结合的幻影成像，亦真亦幻，惊喜连连，可谓将海洋生物与现代科技的结合做了一次完美演绎，给予游客以唯美而神秘之感！

卡通的造型风格、鲜艳的色彩设计、充满童话般的奇趣，欢乐剧场是独立于极地海洋馆的又一大场馆。其整个表演半小时左右，技艺精湛的小丑杂技演员与海狮、海象等动物明星进行一场令人捧腹的PK大赛，诙谐幽默的情景喜剧爆笑上演。欢乐剧场占地面积约8000平方米，建筑面积约12000平方米，现分为室外和室内表演场、海兽岛三大部分。吹拂着习习海风，或登上造型别致的灯塔，或沿着木栈道缓缓而行，可以从不同的角度观看来自遥远极地的可爱动物，别有一番情趣。

5D动感体验馆为青岛海昌极地海洋公园的独立影院，位于极地馆出口处左侧，占地715.22平方米，影院内设有超过200个最新科技的动感特效座椅。采用世界顶尖的专业音响设备，360度全方位包围的独特设计，使观众沉浸影片视觉享受的同时还能体验到最一流的音响特效。恢弘的场景，逼真的效果，震撼的冲击，令每一位看完 5D 动感体验的观众印象深刻。

（资料来源：青岛海昌极地海洋公园官网）

技能训练

　　根据理论知识的学习，邀请学生模拟讲解青岛海底世界。请分析探讨模拟讲解的优点和不足，以提升服务水平和沟通技巧。

项目四　老城区里寻青岛

▶项目导读

　　一座城市的老城区，是这座城市文化脉络的积淀，是一种历史记忆的延续。青岛是一座历史文化名城，市内除了众多欧式建筑，还有大量的名人故居，入选过《中国国家地理》杂志评选的"最美老城区"榜单。本模块围绕中山路、古典欧式建筑、名人一条街、小鱼山等任务开展教学活动，感受青岛的老城氛围，学会针对不同团队灵活进行讲解。

▶项目建议

　　1.在日常教学活动中，借助学校功能实训教室，创设景区实践教学场景，进行室内虚拟仿真模拟导游实训。

　　2.邀请优秀导游员进行实地示范导游，学生观摩学习，感受名导风采。

　　3.组织学生进行市内景区志愿导游，教师现场指导，提升学生导游讲解能力。

◆▶学习目标

1. 掌握中山路的概况、历史沿革、主要建筑以及周边景点。
2. 掌握总督楼、公主楼、花石楼、小鱼山的概况及特色，并能讲解。
3. 能在实践中灵活应用、模拟导游。

任务8　风情中山路

◆▶任务描述

在中国的每一座城市，都会有那么一条街，充满了各种美食、各种店铺，诉说这座城市的美。有的街道热闹非凡，有的街道非常文艺，这些街道代表了这座城市，诉说着城市的历史。那么到了青岛，这条街叫什么名字呢？请带着这个问题继续学习。

◆▶任务分析

一、中山路概况

"一二一，一二一，爸爸领我上街里。买书包，买铅笔，到了学校考第一。"这首老青岛人熟知的民谣，说的就是青岛中山路。

青岛是中国最早出现中山路的城市之一。中山路在青岛的地位，就像长安街在北京、南京路在上海一样。青岛的中山路南北走向，全长1500米，左右分别与德县路、江宁路、胶州路、保定路、即墨路等20多条街道相连，是青岛唯——条具有百年历史的商业长廊，也是青岛的"名片"。中山路的特色在于沿街店铺林立，不仅有众多的百年老字号，还有许多漂亮华丽的欧式风格建筑。

1897年，德国强占青岛，中山路始建于此。其南段是栈桥至德县路，属德国等欧美侨民居住地，史称"青岛区"，也叫"欧人区"；其北段自德县路至大窑沟，属国人居住的"鲍岛区"，也称"华人区"，俗称大马路。1914 年开始，日本占领青岛，这条路改名为静冈町，至今还留下了日本商号的一些遗迹。1929 年 5 月 22 日，为纪念孙中山先生将其改名为中山路。

青岛中山路连接着著名的风景区，占尽了青岛的好风水。它南接青岛著名的地标建筑——前海栈桥，西邻青岛交通枢纽——青岛火车站，东临天主教堂，加上德占、日占时期的老建筑，是一条人文景观荟萃的青岛老街。

"身穿谦祥益，头顶盛锡福，手戴亨得利，看戏上中和，吃饭春和楼，有病宏仁堂。"这里提到的 6 家"老字号"都在中山路商业街上。当年的中山路两侧有茶庄、商场、咖啡馆、钟表店，云集了瑞蚨祥绸布庄、谦祥益布店、山东大戏院、电影院、中国银行、青岛文物店、齐鲁书画社等新旧老字号几百户商家。

随着中山路周边欧陆风情街、劈柴院的改造，现在的中山路又焕发出了青春。

二、中山路一号

中山路一号建于 1910~1911 年，为德国古典式近代公共建筑，建筑面积 1891 平方米，建筑师为德国人库尔特·娄特凯格尔。其原为德国上层人士社交场所，1922 年青岛收回后改作国际俱乐部。中华人民共和国成立后，中山路 1 号曾作过中苏友好协会、青岛市科协的办公处，现为青岛中山路 1 号国际美食城。

走进楼内，建于 1910 年的德式壁炉，采用德国双色釉瓷，经过百年的历史沉淀，依然色彩华丽，彰显着高贵与大气；位于二楼的石梯，没有任何的支撑结构，依托石块打进墙壁，历经百年，岿然不动；"人字形"的实木弹性地板，沉稳中透着雅静；壁画雕刻带给你安静与柔和。

三、中国银行

大清银行青岛分行成立于 1911 年 7 月 1 日，是青岛最早的中国人办的银行，主要存储海关的部分税收。辛亥革命后，大清银行改组为中国银行，青岛分行也随之改称中国银行青岛分行。

1932 年中国银行建造了新楼，整体造型仿上海外滩的中国银行，成为中外银行票据交换中心，1936 年存储额居青岛各银行之首。日占时期，中国银行只留少数人勉强维持营业。抗战胜利后，该行于 1946 年 1 月恢复正常营业。

青岛解放后，中国银行有一个时期以外汇业务为主，中山路上原上海银行、山左银行旧址也划给了中国银行。

四、春和楼

青岛市区最早的饭店之一，位于市南区中山路与天津路交汇处。1897 年由周姓人家开设，后由旅居青岛的天津富商朱子兴在中山路与天津路相交处投资扩建。春和楼在岛城老字号鲁菜餐馆三大楼——春和楼、顺兴楼、聚福楼中处于首位，成为 20 世纪 50 年代至 70 年代青岛最著名的鲁菜馆，多次参加全国、省、市厨艺大赛，多种菜品被收入《中国名菜谱》。

春和楼聘用的第一位经理是天津人，菜肴也以天津口味为主。后来福山人林重孚任经理，鲁菜就逐渐代替了天津菜系。该楼亦以烹饪海鲜著称，既保持了传统的清淡鲜嫩、各具特色的鲁味名菜，又发展创新了诸多名菜。传统名菜有香酥鸡、银丝花卷、水晶包子、油爆海螺、扒原壳鲍鱼、绣球全鱼、龙凤双腿、燕窝凤尾虾、凤凰鱼翅、珍珠海参等等。1987 年，该楼厨师又以青岛风景名胜为主题，创作推出"青岛十大风景菜"，分别为：飞阁回澜、琴屿飘灯、蓬壶览胜、鱼山拥翠、东园花海、汇滨垂钓、湛山清梵、穹台观象、会崎松月、燕岛秋潮。其造型逼真，既是美味佳肴，又是精巧工艺品，不少外国客人也慕名前来大饱眼福、大快朵颐。近年来，春和楼在"振兴鲁菜"的口号下，不断创新，百年老店将为鲁菜再现辉煌做出新的贡献。

五、劈柴院

劈柴院位于江宁路上，德国占领青岛后，于 1902 年修建了此路。劈柴院呈"人"字形，东端连着中山路，北边连着北京路，西边通河北路。20 世纪 20 年代中期，江宁路成了步行街，于是整条江宁路就叫劈柴院了。江宁路有二十几个院，整条街和几个院是商业、餐饮、娱乐集中的地区，曾经是青岛人逛街的集中去处。

至于劈柴院这个名字的来历，有人说，这里原先是个"劈柴市"，全是卖劈柴的，这些劈柴除了供市民烧火做饭，据说还供应大窑沟的窑炉烧制砖瓦。在刘筠的诗集《青岛百吟》中,我们看到了这样一段注释:"劈柴院近中山路,最繁闹之区。院内皆劈柴架屋,故名。"这就是说,劈柴院是因为里面盖了许多临时的商用"劈柴屋"而得名的。

劈柴院里多是酒馆、饭店,除有元惠堂、李家饺子楼、张家坛子肉外,多数是一些不起眼的小饭铺、糖果店、书场和游乐场。北街则是卖熟肉的,有德州扒鸡、福山烧鸡、南肚、酱肝等。论小吃,这里的锅贴、炉包、馄饨和豆腐脑最为有名,也最抢手。市民们来逛劈柴院,都是一边买着一边吃,一边吃着一边逛。

民间娱乐是劈柴院的灵魂。这里好似娱乐大院,周围有大光明电影院,永安、共乐几家茶社。外号"王傻子"的"戏法大王"王鼎臣在此表演过,新凤霞在西大森有演出空闲时还独自跑来为"王傻子"帮工。还有相声演员马三立、评书演员葛兆洪、山东快书演员高元钧、曲艺世家刘泰清等,也都曾在这里练过摊儿。劈柴院的热闹是出了名的,许多南来北往的小客商也时常住在这里,为的就是享受一下这里的"码头文化"。

2007年年底,市南区政府以"改善民生,保护历史风貌,振兴老商业街区"为工作目标,本着"修旧如旧"的原则,先后投资2亿多元,置换安置居民386户,对劈柴院进行了一系列的保护性改造和建设工作。2009年4月10日,青岛百年老院劈柴院重新开街。

知识拓展

中山路 17 号

中山路 17 号始建于 1897 年,斜坡红瓦顶,清水红砖墙垒砌,造型以德国古典复兴样式为主,又融合了折中主义风格,形成了华丽的立面形象。据资料显示,这里在德占时期是私人宅第,后来陆续做过报社办公楼和矿泉水厂,到 1914 年改为胶州旅馆。因位于繁华的中山路南端,离海很近,设施良好,当年生意一直不错。在热播电视剧《青岛往事》中,中山路 17 号曾多次出镜。

技能训练

春和楼的蒸饺，王姐的烧烤，劈柴院的美食尝不够。请学生讲一讲中山路的美食。

任务 9　寻访欧式建筑

◆任务描述

在城市高速发展的今天，青岛保存了一座完好的"欧式建筑博物馆"。这些欧式建筑，不仅仅是历史的见证，同时也给人们带来美学的冲击。作为一名旅游专业的学生，怎样介绍这些欧式建筑才能给中外游客带来思想的启迪和视觉的享受呢？

请带着这个问题继续学习。

◆任务分析

一、总督府

总督府位于市南区沂水路 11 号，观海山南坡，面对青岛湾和小青岛，是德国胶澳殖民地统治机构所在地，为总督所用，故名"总督府"。

总督府始建于 1903 年，由德国建筑师拉查鲁维茨根据 19 世纪欧洲公共建筑的艺术形式设计，大楼外表均采用青岛优质花岗岩石料砌成，屋顶覆盖红色筒瓦。整个建筑庄重典雅，美观坚固，是青岛市的著名建筑之一。

总督府整个建筑面积 7500 平方米，为四层楼房，一、四层为辅助性房间，窗户明显偏小；二、三层为主要办公室，门窗很大，宽敞明亮，向阳面有类似阳台的长廊；楼内的会议厅和门厅高大气派，室内的门窗、护墙板符合办公场所的要求。整个建筑采用砖石和钢混合结构，采取 19 世纪欧洲公共建筑的对称平面，四角和中间稍突出，俯视图呈"凹"字形。以总督府为中心，向周边放射出六条道路，周边街道旁建设了法院、看守所和高级住宅，前方的广西路、太平路一带，建了洋行、旅馆等重要设施。

1914年，日本取代了德国在青岛的统治地位，日本驻青岛守备军司令部在此楼办公。1922年年底，中国政府收回青岛，这里改为胶澳商埠督办公署、胶澳商埠局的办公处。1929年4月后，这里相继成为青岛接收专员公署、青岛特别市政府、伪"青岛特别市公署"等机构办公所在地。

1949年6月2日，青岛获得解放，青岛市人民政府在此办公。1995年，总督楼被国务院批准为国家重点文物保护单位。

二、青岛天主教堂

青岛天主教堂本名圣弥厄尔教堂，由德国设计师毕娄哈依据哥特式和罗马式建筑风格而设计。教堂始建于1932年，于1934年竣工。

青岛天主教堂占地面积11480平方米，其中建筑面积6301.54平方米。教堂以黄色花岗岩和钢筋混凝土砌成，表面雕以简洁优美的纹案。其窗户为半圆拱形，线条流畅，显得庄重而朴素。其大门上方设一巨大玫瑰窗，两侧各耸立一座钟塔，塔身高56米，红瓦覆盖的锥形塔尖上各竖立一个4.5米高的巨大十字架，塔内悬有四口大钟，一旦钟乐鸣奏，声传数里之外。进入教堂，是一个高达18米、可容千人的宽敞明亮的大厅，色彩斑斓的玻璃花窗透射出柔和的光线；大厅东西两侧设有走廊，后面设有两个大祭台、四个小祭台，厅的穹顶绘以圣象壁画，灯光炫目，充满浓厚的宗教气氛。

教堂装饰采用意大利文艺复兴时期的形式。堂内大厅宽敞明亮，顶棚悬有七个大吊灯，后方设有祭台，配之穹顶的圣像壁画，庄严美观。厅内可容纳教徒千人，是青岛地区最大的哥特式建筑，也是中国唯一的祝圣教堂，同时也是基督教建筑艺术的杰作。

"文革"时，教堂受到严重破坏，1981年4月恢复使用，被列为省级重点文物保护单位。

三、迎宾馆（德国胶澳总督官邸旧址博物馆）

青岛迎宾馆位于青岛市龙山路26号，背倚风景如画的信号山公园，与中国海洋大学、基督教堂等遥遥相对，地理位置突出，环境幽雅。迎宾馆原是德国驻胶澳（即青岛）总督的官邸，故名"总督官邸"，俗称提督楼。

迎宾馆始建于 1905 年，落成于 1907 年，由 德国著名建筑师拉查鲁维茨设计，是一座典型的欧洲古堡式建筑。德占时期，胶澳两任总督都曾在此居住。1934 年，时任青岛市市长的沈鸿烈将其命名为"迎宾馆"，成为青岛最高级别的接待宾馆。作为" 德国建筑艺术在中国 "的最高代表之一，迎宾馆装饰之豪华、造型之典雅，至今仍雄居我国单体建筑之首列，被中外友人赞誉为世界珍贵的建筑"标本"。迎宾馆整个建筑面积 4000 多平方米，高 30 米，采用石、砖、钢、木混合建造而成，外墙以黄色为基调，局部以花岗岩做装饰，石料加工粗朴，历经百年依然毫无破败之感，整体粗犷而雄伟，又不失精巧别致。

青岛解放后，迎宾馆成为青岛市人民政府接待党和国家领导人及国际友人的主要场所。1957 年，毛泽东曾居住于此。1996 年，迎宾馆被国务院公布为全国重点文物保护单位。1999 年 5 月 1 日，迎宾馆正式对外开放，并重新定名为青岛迎宾馆——德式官邸旧址。这里曾先后接待过众多海内外知名人士，架起了中外文化关系沟通的桥梁，见证了青岛近代的风云历史，可以说是青岛历史文化名城的一个经典象征。

四、青岛火车站

火车站是一个城市的名片。对于青岛来说，青岛火车站是青岛市极具特色的地标建筑之一。青岛火车站位于市南区泰安路，始建于清光绪二十六年（1900 年），是一座饱经沧桑，具有德国文艺复兴建筑风格的百年老站，也是国内最美的火车站之一。2017 年 12 月 2 日，青岛火车站入选第二批中国 20 世纪建筑遗产名单。

青岛火车站最初是由德国人魏尔勒和格德尔茨设计，由山东铁道公司施工，当时的火车站主要由钟楼和候车大厅两大部分组成。随着青岛的发展，青岛火车站历经数次改造重建、扩建。1991 年拆除后重建，1994 年 8 月 8 日投入运营，2006 年 12 月 10 日再次改造，于 2008 年 8 月 1 日重新启用。

直到今天，青岛火车站及其周边地区已成为集历史文化、休闲娱乐为一体的"城市会客厅"和地标建筑，非常多的游客特意前来打卡拍照。人头攒动的站前广场，有匆匆路过的旅客，也有闲逛的旅人。时光流转，百岁高龄的青岛火车站见证了青岛这座城市的变迁轨迹，如今，它仍像老兵一样，坚守着自己的使命。

➡ 知识拓展

欧人监狱

在青岛，要找一个和德国殖民统治联系最密切的建筑，常州路25号的原欧人监狱无疑是最适合的。欧人监狱是德国殖民统治者在青岛的首批欧式建筑，历经百年。"欧人监狱"是民间百姓对其的叫法。

德国出兵侵占青岛之后，于1900年在常州路25号修筑了这座监狱。当时德国人在青岛修筑了两大监狱，青岛市李村监狱关押的是中国人，这里关押的是外籍人，所以被称作"欧人监狱"。欧人监狱处处流露着历史的痕迹，高高的岗楼和围墙以及围墙上密布的高压电线，都增添了监狱的森严。

整个建筑是以古堡式建筑为主体的极具特色的建筑群，北面是狱警的房间，南面是监室。通过一道铁门走进古堡，首先看到的是狱警的值班房，高约4米，而犯人的监房是2米多高，房间的高度体现了房间内人的地位。

📢 **技能训练**

根据理论知识的学习，邀请学生模拟讲解图中的欧式建筑。
请分析探讨优点和不足，以提升服务水平和沟通技巧。

任务 10 名人一条街

◇知识拓展

青岛得天独厚的气候条件、美丽的海滨风光，吸引了不少名人在此居住。作为青岛市旅游专业的学生，组织名人故居一日游，要做好哪些知识的储备呢？

请带着这个问题继续学习。

◇任务分析

一、康有为故居

康有为故居，位于青岛市南区福山支路 5 号，始建于 1899 年，是一座红瓦黄墙、三层德式砖木结构建筑，为德占时期总督府要员官邸。1924 年康有为先生购买此房作为寓所，直至 1927 年 3 月病逝于此，现为山东省重点保护单位。

康有为是清末维新运动的主要领导人物，维新变法失败后便流亡海外，到辛亥革命后又回到祖国。1923 年康有为来青岛后便买下此楼居住，并对此院十分满意，说"青岛此屋之佳，吾生所未有"，"此屋卑小而园甚大，望海碧波仅距百步"。由于溥仪曾赠给康有为府邸，名叫"天游堂"，所以康有为将这里取名"天游园"。自此，康有为每年都要在此住一段时间。

站在小楼上环望，右侧不远便是小鱼山，正前方是蔚蓝色弯月形的汇泉湾，就在这个依山面海、高雅别致的地方，1923 至 1927 年，康有为度过了四年美好的时光。

康有为第一次来青岛是在 1917 年，目的是拜谒第二代恭亲王溥伟，发现青岛的美丽是他的意外收获。在给家人的信中，他盛赞青岛美景是"碧海青天，不寒不暑；绿树红瓦，可舟可车"，青岛"绿树红瓦，碧海蓝天"的赞语就是出自这里。

南依汇泉湾，比邻小鱼山公园，环境清幽，康有为故居整个建筑面积1128 平方米。其入门处是绣球花迎宾，楼上匾额"康有为故居"是弟子刘海粟先生 86 岁高龄时亲笔所书，字体颇似康有为，不愧是康之高徒；楼侧有康有为手书特展，均为康有为故居典藏真迹；一楼正厅有一尊康有为先生的塑像，背后为红底金字"法既积久，弊必丛生，故无百年不变之法"。

康有为故居共设三个展厅，分别为康有为生活居所、康有为收藏展览馆、康有为生平图片展。"文革"期间故居多遭毁坏，后经复员维修，基本恢复原貌。康有为来青定居，适逢清朝第二代恭亲王溥伟举家迁往大连，因二人颇有私交，故楼内家具陈设多为溥伟所赠，居所内并无华丽的欧式陈设，均为高雅的中式家具。喜欢历史考证的朋友适合在生平展厅里流连，故居有专门的研究讲解员为你做向导。

二、老舍故居

老舍故居位于青岛市市南区黄县路 12 号，面南背北，楼下为老舍全家居所。老舍于 1934 年来青岛受聘于山东大学，直至 1937 年离开青岛，大部分时间居住于此，这是他在青岛的三处借寓住所之一，另两处一在莱芜路，一在金口路。老舍在此写下了许多小说、散文和杂文，其中有著名的长篇小说《骆驼祥子》，现为青岛市著名风景点及重点文物保护单位。

老舍（1899–1966），中国现代作家、戏剧家，原名舒庆春，字舍予，北京人，满族。老舍出身于贫苦市民家庭，幼年丧父，由母亲抚养长大，在大杂院里度过了其艰难的幼年和少年时代，这使他从小就深知城市贫民的生活并受到大杂院里传统艺术的熏陶。1906 年老舍开始读私塾，后转入新式学堂。1913 年老舍考入北京师范学校，爱好古典诗词，并用文言文练习写诗和散文。1918 年老舍以优异成绩毕业，先后任北京第 17 小学校长、天津市南开中学国文教员等职。受到五四运动的影响，老舍开始挣脱封建的、世俗的羁绊，同时开始用白话文写作。1924 年老舍赴英国，任伦敦大学东方学院中文讲师，此间阅读了大量的文学作品，并激发了他强烈的文学兴趣，开始文学创作。《老张的哲学》《赵子曰》和《二马》，老舍这些作品富有北京的地方色彩，善于刻画市民生活和心理，显示出讽刺幽默的艺术才能，因而立刻引起了读者的注意。

"老舍故居纪念馆"又称"骆驼祥子纪念馆"，是中国第一个以作品名称命名的纪念馆。在老舍先生纪念馆中，写作间和过道门厅还摆设有老舍先生习武时使用的刀枪剑棍等兵器，为我们揭示了老舍先生鲜为人知的文学大师的另一面。

三、洪深故居

洪深故居位于中国海洋大学鱼山校区北门外，沿着红岛路向东，在红岛路与福山路的交会处，第一个名人故居就是福山路 1 号的洪深旧居。

洪深故居是一座二层楼的德式建筑，高大的门厅，拱形窗户，青砖灰瓦，哥特式的屋顶，十分宽敞和气派。穿过两扇雕花的铁栅栏大门，正对着大门的是一段宽敞的沿地势而建的台阶，拾级而上，台阶向两边分开，之后绕过一面造型古朴的壁墙，进入高处的院内，再通过石阶才能进入居室。洪深旧居是青岛现代文化名人故居中，最为"阔绰"的一处。

洪深是现代著名文学家和戏剧家。1933 年，洪深来青岛，接替梁实秋任山东大学外文系主任，就在此居住，授课之余他从事戏剧创作和演出活动。1934 年，他结合青岛遭受帝国主义侵略和自己家庭的经历，创作了中国第一部电影文学剧本《劫后桃花》，由当时的明星公司拍摄，由电影皇后胡蝶主演。在青岛期间，洪深还参与创办了同仁刊物《避暑录话》周刊。

◆ 知识拓展

青岛其他名人故居

1. 梁实秋故居（鱼山路 33 号）

1930~1934 年，梁实秋受聘为国立青岛大学、山东大学外文系主任兼图书馆馆长时在此居住。30 年代初，梁实秋在此居住并创作出版了《文艺批评集》，并开始翻译《莎士比亚全集》。院内留有梁实秋当年栽植的树木，故居巷口有青岛市文物局立的铭牌。梁实秋认为，在青岛的四年是他一生中家庭最幸福的时期。他还认为中国从北疆到南粤，以青岛为最好。

2. 沈从文故居（福山路 3 号）

这是一座依山面海的西式建筑。1931 年至 1933 年，沈从文在青岛大学中国文学系执教期间在此居住。1932 年，巴金来青岛时亦居于沈从文寓所。沈从文在此先后创作了《从文自传》《记丁玲》《月下小景》《八骏图》等名著，《边城》也是在这期间酝酿而成的。

3. 王统照故居（观海二路 49 号）

这是一座中西合璧的山坡型的三层院落。王统照是我国新文学运动中涌现出的著名作家，他 1926 年来青岛，在此定居近 30 年，1950 年离开青岛赴济南。诗歌《这时代》，短篇小说《声》《银龙集》，散文集《片云集》《青纱帐》，著名长篇小说《山雨》在这里问世。1929 年，王统照在青岛还与同仁创办了文学期刊《青潮》，与闻一多、老舍、朱自清、洪深、吴伯箫等著名学者在此欢聚，切磋文学。

4. 闻一多故居（中国海洋大学鱼山校区内）

又称"一多楼"，位于中国海洋大学校园内，是一座土黄色小楼。1930 年 6 月，闻一多应聘来到青岛大学任教授、文学院院长、中文系主任。他在这座德式二层小楼里，授课之余，开始深入研究《诗经》《楚辞》，还完成了《杜少陵年谱会笺》《离骚解诂》《诗经新义》等著作及长诗《奇迹》。

技能训练

请在青岛文化名人一条街中，选择自己欣赏的一位名人故居进行介绍。

任务 11　登高观景小鱼山

◇▶任务描述

作为青岛著名的具有古典风格的景点，小鱼山是观赏青岛前海全貌的最佳地点。作为青岛市一名志愿导游，带领游客朋友参观游览时，需要做好哪些知识方面的准备呢?

请带着这个问题继续学习。

◇▶任务分析

小鱼山尽管海拔只有 60 米，却是青岛前海一线著名的旅游景点，是观赏青岛前海全貌的最佳地点。信号山、水族馆、汇泉湾以及青岛市内诸多的古典德式建筑在此都可一览无余。小鱼山公园是一座古典园林式山头公园，建筑材料的选择和装饰的造型别具一格，在园林建筑的门楣、围墙、透窗、护栏、瓦当、额枋、壁画、壁饰等方面都打破了古典园林惯用的龙凤和花鸟图案的传统，围绕海的主题，突出了鱼图案造型，使古典园林建筑呈现出时代的气息。

一、概况

青岛的路名大部分是用全国各省市地名来命名的。小鱼山原是一个无名的山头，只是因为山前的路是根据山东东阿县一座佛教名山"鱼山"命名的，小鱼山也因此而得名。小鱼山公园占地 2.5 公顷，1983 年 4 月 9 日开始动工，到 1985 年 2 月 23 日竣工，建筑面积 800 平方米，1985 年 3 月正式对外开放。

二、碧波亭

从小鱼山的大门拾级而上，可以看到一个挑檐式的六角亭，叫"碧波亭"，因游人在亭内可以把碧波荡漾的汇泉湾一览无余而得名。碧波亭的匾额"碧波"二字是由著名的国画艺术大师吴作人手书的。站在碧波亭上眺望四周，南面是历史悠久的栈桥和回澜阁，东面是帆船点点的汇泉湾，西面是碧波荡漾的青岛湾，北面是绿树掩映的新老城区。远山上有三栋红色蘑菇楼，宛如三柄熊熊燃烧的火炬，那是青岛市十大山头公园之一的信号山公园。在半山腰绿树丛中的那栋别具特色的德式古典建筑原是"德国总督官邸"，现在是青岛市迎宾馆。有人登亭赋诗一首：碧波一望百忧宽，绿树琼楼抱海湾。滩阔潮平帆影远，瓦红云淡白鸥闲。海色天光皆如画，红瓦绿树绕云烟。琴屿漂灯流溢彩，如痴如醉小鱼山。

三、览潮阁

览潮阁，阁高 18 米，匾额"览潮阁"3 个字由吴作人题写。登阁远眺，青岛四时佳景俱呈，山光海色共赏，游人到此可以充分领略青岛红瓦、黄墙、绿树、金沙、碧海、蓝天的独特自然风光。在览潮阁上观赏海月，也别有一番情趣，尤其是到了农历仲秋时节，一轮明月跃然星空，使人顿生"海上生明月，天涯共此时"之感，这就是青岛十大景观之一的"鱼山海月"。

四、壁画

小鱼山的山标是一个白色雪花石浮雕，它直径 2 米，是由现代的"小""山"二字和古老的象形文字"鱼"字组成的，周围是黑色的大理石线刻文字壁画，突出表现了古代劳动人民渔猎的生活场景。

《八仙过海》是一幅釉上彩壁画，长 9 米，宽 2.67 米，由中央工艺美院（现清华大学美术学院）79 级特艺系的师生共同创作，具有浓郁的民族风格和创新精神，曾获得全国美展一等奖。

转过弯来可以看到一幅釉下彩壁画《蒲松龄宇宙》，长 9.1 米，宽 2.67 米。作品描绘了蒲松龄故居及《画皮》《崂山道士》《促织》《席方平》以及"莲花公主"等聊斋故事情节，构图丰满，色彩柔和，不仅给人以美的享受，还为小鱼山增添了几分神秘色彩。

五、拥翠亭

拥翠亭因能观赏到远近葱郁的山岚风光而得名，亭子的匾额由吴作人题写。

站在拥翠亭俯览山下，那一片水清沙白的海滩就是汇泉海水浴场，浴场后面那座酒店就是汇泉王朝大酒店，曾是青岛第一家合资饭店，现由中方管理，已更名为"汇泉王朝大酒店有限公司"。酒店后面的体育场是青岛市原第一体育场，2003 年重修后，由青岛天泰集团冠名，改为"天泰广场"。体育场前面的广场是"汇泉广场"。广场旁边那个公园是青岛最大的综合性公园——中山公园，中山公园后面那座山叫"太平山"，建在山上海拔 116 米高处的塔是青岛电视塔。

◆ 知识拓展

青岛十大山头公园

20 世纪 80 年代中期，青岛市政府精心规划建设了十大山头公园——观海山公园、嘉定山公园、太平山公园、楼山公园、烟墩山公园、信号山公园、贮水山公园、青岛山公园、观象山公园公园、北岭山公园。

1. 观海山公园

观海山位于观象山之西南，海拔 66 米，面积 85 亩。1927 年，地方政府在山上修建了一座观海台，此山被命名为观海山。它的位置恰好对着青岛湾中部，登山眺望，栈桥、小青岛及进出港口的大小船只，历历在目。改革开放以后，观海山建成了登高眺望点，并突出了"海"的主题。在其山头及山坡种植雪松、黑松、龙柏等乔木以及连翘、丛紫薇、地棉等灌木。为方便游人登山观海，现修复了观海平台，同时，还建了花廊、海底世界壁画等。

2. 嘉定山公园

嘉定山地处四方区中部，位于山东路北首，西北隔南昌路与北岭山相望。嘉定山由八个山头组成，最高峰海拔 110.4 米。嘉定山在中华人民共和国成立前是荒山秃岭。中华人民共和国成立后开始植树造林，现在基本上实现了整体绿化，树木以黑松和刺槐为主。

嘉定山规划建设为区域性公园后，设有儿童活动区、休息区和山头游览区等。园内还铺设环山游览路，建筑了围墙，在不同高度的山头上修建了六角亭、游览亭阁，并增设了棋艺室、游艺室和多种儿童玩具、石桌石凳等。

这里是附近市民登高远眺的好地方。

3. 太平山公园

位于市南区，在青岛山之东，海拔 150 米，面积 1080 亩，是老市区第一高峰。德国人曾于此建有"伊尔奇斯"炮台。此山山石嶙峋，林木蓊郁，登山眺望，东南两面可见碧海环绕；远望燕儿岛及大公岛、小公岛，近观第一体育场、汇泉广场。1992 年山顶建成高 230 米，号称全国第一、世界第三高的钢结构电视塔，具有广播电视信号发射和观光两种功能，底部大厅后来成为申奥迎奥大厅。

太平山已成为城市中央公园，围绕它建设了中山公园、动物园、榉林公园和植物园。太平山是登高眺望点，有"望海阁""听涛馆""万景亭""半山亭"景观。太平山观光索道连接中山公园、电视观光塔和植物园，方便游人游览观光。

4. 楼山公园

楼山又称漏山，地处李沧区的西北部，最高峰海拔 98.2 米，相隔四流北路和胶济铁路，与烟墩山对峙。在市区绿化建设十座山头公园中，历史记载较早的要算楼山了。楼山由东、西楼山，小枣园山和坊子街山四个山头组成。该山全部绿化，种植黑松和刺槐。因楼山地处工业区，在公园北部建有防护林带，栽植了抗污染的臭椿，公园内主干道两侧也有臭椿和樱花等抗污染树种。楼山公园已建设为五个区域——登高游览区、青少年活动区、动物展览区、休息区、花卉展览区。

5. 烟墩山公园

烟墩山地处李沧区西北部，西临胶州湾，东为胶济铁路，海拔 62.9 米，面积 6 公顷。烟墩山上的一处烽火台据说是明朝抗击倭寇时所建。烽火台又称烟墩，遇到敌情，白天放烟，夜里点火，烟墩山的名字即由此而来。

现在的烟墩山是区域性公园。公园里修筑了游览干路、游览路和台阶路，山顶建平台，台中建亭，增设多处石桌、石凳。在山的北部建有儿童活动场以及大型雕塑一座，该雕塑与四流北路相望的楼山的雕塑形成对景。山上种植了黑松、雪松等针叶乔木，白杨、法桐等落叶乔木，海棠、千道兰等观赏花木。

6. 信号山公园

信号山旧名挂旗山，位于市南区，观象山之东南、观海山正东，海拔100米，面积95亩。因山上建有信号旗台，专为轮船及帆船入港时传递信号，故命名为信号山。德国占领青岛后，在山上建有军用无线电台，这也是青岛最早的无线电台。此山如圆锥形，岩石嵯峨，是老市区内较有气魄的。

20世纪80年代，已正式将此山规划建设成为传播信息科技知识的主题公园。在山顶建有形如火炬的三处红蘑菇建筑，其中有一座30分钟转360度的两层观景转台，并设有茶座和望远镜供游人俯瞰青岛风光。青岛新十景之一的"红楼暮霞"即指迎宾馆和信号山的傍晚景致。

7. 贮水山公园

贮水山地处市区中部，位于青岛山之西北、观象山之东北，海拔90余米，面积约390亩。此山两峰对峙，中成凹形，形成马鞍状。清朝以后，贮水山麓成为小鲍岛村村民的山场。德国侵占青岛时修建有毛奇炮台一座，并修建了两座可容6000吨水的贮水池，所以此山又叫贮水山，1922年被正式命名为贮水山。中华人民共和国成立后，贮水山经过多次绿化和修建，于1956年命名为"贮水山公园"。园内有市少年宫、儿童活动场、综合演出场以及少量园林设施。

此山周围居民集中，交通方便，20世纪80年代将贮水山公园正式定为青岛市儿童公园，兴建了适于儿童活动的各种设施，同时，对全山进一步绿化，建造眺望亭廊、帆亭廊、长廊、花廊，并修整了游览道路。

8. 青岛山公园

青岛山又名京山，地处信号山之东北，位于市南、市北交界处，海拔128米。清末，青岛开始设防，在青岛山西南坡建立了嵩武中营，青岛山麓成为练兵场地。德国侵占青岛后，在山顶修建了俾斯麦炮台。

青岛山东与太平山对峙，可鸟瞰两山之间的中山公园及动物园；南望汇泉太平角一带，红瓦、绿树、碧海、蓝天相映生辉；北望市北区，楼房栉比。德占青岛时，在山上建筑了规模浩大的防御设施。现在，炮台堡垒早已废弃，经修复成为炮台遗址展览场所，并在山下建立了炮台陈列馆，为第一次世界大战亚洲唯一战场遗址——"一战遗址博物馆"，并成为爱国主义教育基地。

9. 观象山公园

观象山原名水道山，位于市南区观海山之北、伏龙山之西、信号山之西北。1905年，气象台迁至此山，观象山从此得名。观象山海拔79米，面积约100亩，山势平缓，草木葱茏，山上观象台、望火楼各一座。在山垭处还有一座花岗岩石屋，系1952年所建，屋内建有全国水准原点。

观象山于1932年建成观象山公园，起初修建了游览路，安设石桌、石凳，种植观赏树木，使之成为市区中心地带的风景点。1984年，观象山公园被辟为天文气象科学普及教育基地。为方便游客登山远眺，建四柱圆顶亭一座，其建筑风格与天文观测室相衬映。同时，还增设了六角亭、葡萄廊、休息廊、天文气象科普室、万国经度测量纪念雕塑等。登临观象山，极目四望，整个胶州湾内美景尽收眼底。

10. 北岭山公园

北岭山地处四方区中部，主峰海拔116.32米，共有大小12个山头。北岭山又称四方北岭，因它位于大、小水清沟之南，还有水清沟南山之称，在10个山头公园中面积最大。

北岭山是崂山向西延伸之余脉，山岭起伏较大，现有树种以黑松、刺槐为主。当年北岭山封山建为区域性公园，进行了大面积绿化，每一个山头突出一种花木。公园内修筑道路，北部建人工湖，曾是淡水鱼钓鱼场。另外，在不同高度的山头上建有四座观景亭，设置100多套石桌石凳，现已成为"北岭山森林公园"。

技能训练

搜集资料，选择一处山头公园进行介绍，分享交流。

项目五 山海奇观赏崂山

◇项目导读

崂山风景名胜区是国务院首批审定公布的国家重点风景名胜区之一，也是 5A 级旅游景区，是中国唯一享有"世界最美海湾"美誉的景区。本模块围绕概况、太清游览区、巨峰游览区、北九水游览区开展教学活动，让学生能够掌握崂山旅游区的景区概况、特色，学会针对不同团队灵活进行讲解。

◇项目建议

1. 在日常教学活动中，借助学校功能实训教室，创设景区实践教学场景，进行室内虚拟仿真模拟导游实训。

2. 邀请优秀导游员进行实地示范导游，学生观摩学习，感受名导风采。

3. 组织学生进行景区志愿导游，教师现场指导，提升导游讲解能力。

◇学习目标

1. 掌握崂山景区的概况、历史沿革、主要特色。

2. 掌握太清宫概况以及三清殿、三官殿、三皇殿、关岳祠的主要内容。

3. 掌握巨峰的概况、游览路线及景点的讲解。

4. 掌握北九水的概况、游览路线及具体的景点。

5. 能在实践中灵活应用、模拟导游。

任务 12　走进崂山

◆任务描述

游客小李从北京来青岛旅游，计划游览崂山。在他游览崂山之前，你能给他讲讲崂山风景区的概况吗？请带着这个任务继续学习。

◆任务分析

素有"海上名山第一"的崂山位于黄海之滨，主峰 1133 米，山海相连，雄山险峡，水秀云奇，自古被称为"神仙窟宅""灵异之府"，《齐记》中亦有"泰山虽云高，不如东海崂"的记载。昔日秦始皇、汉武帝登临此山寻仙，唐明皇也曾派人进此山炼药，历代文人名士都在此留下游踪。崂山是一座道教名山，过去最盛时，有"九宫八观七十庵"，号称"道教全真天下第二丛林"，现在保存下来的以太清宫的规模为最大，历史也最悠久。

1982 年，青岛崂山风景名胜区被国务院批准列入第一批国家级风景名胜区名单；2011 年 1 月 14 日被评为国家 AAAAA 级景区。

一、地理状况

崂山东南濒临黄海，西部与青岛市区毗邻，北与即墨相连，总面积为446平方千米。崂山属暖温带大陆性季风气候，四季变化和季风进退明显，具有雨水丰富、年温适中、冬无严寒、夏无酷暑、气候温和的特点。崂山主峰为巨峰，又称崂顶，海拔 1132.7 米，地貌属花岗岩地貌，是我国大陆漫长海岸线上唯一的一座高度在千米以上的山峰。

二、名称由来

崂山，古代又称牢山、劳山、二劳山、辅唐山、鳌山。史书对此各有解释，说法不一。一种说法是：此山坚如磐石，意为牢固，故称"牢山"。另一种说法是：秦始皇到崂山时，郡、州、县的百姓都为之操劳不息，劳民伤财，因此称为"劳山"。

"二劳山"之说最早见于唐代李贤著《后汉书注》，书中把崂山北部的一部分称为"大劳山"，把崂山西南部的一小部分称为"小劳山"，又简称为"二劳山"。今崂山北部仍有地方称为"大崂"。"辅唐山"之名的由来是在唐玄宗时，道士王旻受玄宗恩宠，王旻向玄宗提出请求要到牢山炼丹，玄宗准许其前往，并改"牢山"为"辅唐山"。"鳌山"的名字主要起源于全真道教龙门派的创始人丘处机。他对牢狱的"牢"字甚觉不妥，又联想此山背负平川，面对大海，形同巨鳌雄踞于东海万里碧波之上，遂作诗40首歌咏此山，诗中将此山称为鳌山。崂山的名称最早见于《南史·明僧绍传》，文中有"隐长广郡崂山，聚徒立学"之句。《本草纲目》中也有"天麻生泰山、崂山"之句。

三、地质成因

崂山属胶东低山丘陵的一部分。崂山这块巨大的花岗岩体是从白垩纪开始形成的。距今约6800万年至13000万年的燕山运动晚期，受燕山运动的影响，岩浆从地壳深处向上涌出并扩散，在地面以下几千米的地方冷凝。岩石有肉红色、灰白色的粒状结晶矿物，地质上将其命名为"崂山花岗岩"，此时的花岗岩成岩后，仍被巨大的原岩覆盖而未能露出地表。

新生代以来，地壳抬升，覆盖着的岩石逐渐被累年的风霜雨雪和经久的流水剥蚀掉，才露出了花岗岩石。到了新生代中期的200万年以来，才开始呈现为现在的轮廓。而今我们看到的崂山面貌是第四纪末期，在几万年的沧桑变化中，大自然雕琢而成的秀丽景色。

四、自然风光

崂山融山、海、林、泉、瀑的自然美、形态美、色彩美为一体。

山：山峰连绵起伏，耸立挺拔，山海相依，雄伟壮观。大自然的鬼斧神工，造就了崂山奇特的山势。奇峰、怪石、象形石随处可见，被人们誉为"天然雕塑公园"。

海：崂山傍海而立，有着特殊的气象环境，造就了奇妙的云气变化，形成了千姿百态的迷人景观，给人以虚幻神秘的感觉。著名诗人贺敬之赋诗赞曰："黄山尽美恐非真，山川各异似才人。崂山逊君云与海，君无崂山海上云。"

林：崂山植物种类繁多，古树名木葱郁苍劲，令人称奇的是南北花木盘根共存。据不完全统计，崂山有各种植物1600余种，长势良好，数百年的耐冬和一两千年的银杏、柏树、黄杨、赤松等枝繁叶茂，挺拔苍翠。

泉：山有多高，水有多长。有人说"崂山之水天上来"，此话不无道理。崂山最高的名泉是"源泉"，又名"天乙泉"，位于海拔1000米以上的山峰。崂山泉水清澈，矿物质丰富，水质优良，形成不计其数的洞流溪水，构成了一幅幅秀丽的山水画卷。

瀑：龙潭瀑又名玉龙潭，为崂山第一瀑，位于崂山南麓八水河中游，水源来自海拔500米的天茶顶和北天门之间的山谷。涧水穿山越岭，沿路汇集了数十条溪水，聚成一股急流，奔腾而下，在一处高约30米的崖顶平台上，平直地冲出数尺之外；水在半空中飞旋了几个曲折之后，会合成一道长约30米、宽约5米的瀑布，顺着90度的峭壁跌入崖下的碧潭之中。那气势，宛如一条矫健的玉龙，从悬崖之巅，腾云驾雾，呼啸而下，击得潭中水花四溅。人们拟其形，取其声，观其色，叫它"龙潭瀑"，瀑下的深潭取名"龙潭"，瀑布顶端刻着"龙吟"两个隶书大字，直径一米，为当代著名书法家黄苗子1981年游崂山时所书。瀑下的长形巨石下尖上平，游人坐在平台下远可眺望四周群峰，近可仰视崂山十二景之一"龙潭喷雨"的壮丽景色。

潮音瀑又名"鱼鳞瀑"，以水声似潮、水形像鱼鳞而得名，在崂山十二名景中称为"岩瀑潮音"。瀑布旁的陡壁上镌刻着"潮音瀑"三个大字，是20世纪30年代叶恭绰的手书。潮音瀑发源于崂山之阴的源泉，泉水从海拔900多米的巨石下喷涌而出，流经约10千米长的凉清河涧谷，集大小百余条山溪之水，冲开峻岭的阻拦，自悬崖峭壁之上，分三折而下：第一折，从崖顶巨石下的洞口喷射而出，流进一个"斗"形的深深石窝里；第二折，水从"斗"形石窝溢出，洒向悬崖半腰簸箕形的石壁上，波光闪闪，恰似鱼鳞；第三折，簸箕形石壁泼下的水，织成一幅宽约5米、长约20米的水帘，以排山倒海之势、浪推潮涌之声，跃进一个靛蓝色的缸形水湾。夏秋多雨季节，水湾里水多而深，直径约22米，深约5米，清澈见底，古人照此形状和水色，将其命名为"靛缸湾"。潮音瀑旁建有石舫一座，西崖顶上有"观瀑亭"一座，游人坐在亭中观瀑听潮音，别有风味。

五、人文崂山

崂山是道教发祥地之一。崂山自春秋时期就云集了一批长期从事养生修身的方士之流，到战国后期，崂山已成为享誉国内的"东海仙山"。

秦皇、汉武、唐宗、宋祖都同崂山道教有着不解之缘。秦始皇和汉武帝都曾不远数千里来到崂山访道求仙，秦始皇在崂山脚下与安期生的一次长谈引发了徐福东渡的历史壮举，宋太祖赵匡胤召见并敕封过崂山道士刘若拙为"华盖真人"。

金元以来，道教全真派兴起，崂山各庙纷纷皈依于"北七真"的各门派，成吉思汗敕封丘处机之后，崂山道教大兴，道教庙殿建设进入了空前阶段。明代崂山道教中先后出了几位修道有成的道士，其中首推闻名于大江南北的张三丰，他以高深的道家修为和卓越的武术绝技培养出一批高徒，使龙门派在中华大地上衍生出数十个支派。崂山道教中的鹤山派、金山派、金辉派就是这些支派中的一部分。至清代中期，崂山道教仍然处在兴盛时期，道教宫观多达近百处。

近百年中，青岛遭到帝国主义的轮番侵占，天主教和基督教也随之在青岛传播，使道教受到排斥。抗日战争期间，崂山道教因为反对日本侵略政策，积极参与抗日活动，遭到日军的多次围剿、轰炸、烧杀和抢掠，许多道观在这个时期被毁坏。

中华人民共和国成立后，青岛市人民政府于1952年拨专款对崂山道教庙宇实施重点维修，崂山道教得到保护和生存。"文革"前期，崂山道教作为"四旧"受到冲击，神像被毁掉，道士被遣散，崂山道教的宗教活动被废止。中共十一届三中全会以后，青岛市人民政府逐步有计划地恢复部分崂山道教庙宇，落实宗教政策，召回道士，重修神像，返还庙产。现崂山相继修复并对外开放的庙宇有太清宫、上清宫、明霞洞和太平宫，崂山道教恢复了正常的宗教活动。

佛教传入中国后，寺庙遍布全国各地。作为海上第一名山，崂山同样吸引了众多高僧来此讲经修行。佛教传入崂山始于魏晋，迄今已有1700余年的历史，隋唐时期达到鼎盛后一度衰落，明代再度兴盛，至清朝末年再次衰落。

中华人民共和国成立后，因破除迷信，至 1959 年，崂山仅剩 9 座寺庙。在"文革"中，崂山佛教遭到空前浩劫，寺庙被毁坏，僧尼被遣散，从而使历史上在胶东地区颇有影响的崂山佛教再次遭到重大破坏。

改革开放后，党的宗教政策使崂山佛教得以恢复，政府拨专款修复了华严寺、法海寺，并将两座寺庙列为青岛市重点文物保护单位。

六、景区划分和旅游线路

崂山风景名胜区共分为九个风景游览区，分别是巨峰、登瀛、流清、太清、上清、仰口、棋盘石、北九水、华楼风景游览区，游览景点共有 200 余处。

目前崂山的旅游线路主要有：登高之旅——巨峰游、棋盘石佛教文化之旅、仰口山海风情之旅、北九水山水度假之旅、华楼叠石探索之旅、太清道家之旅等。

◆》知识拓展

崂山十二景

"巨峰旭照""明霞散绮""蔚竹鸣泉""云洞蟠松""岩瀑潮音""棋盘仙弈""华楼叠石""狮岭横云""那罗延窟""海峤仙墩""太清水月""龙潭喷雨"被誉为崂山十二景。

-------- 技能训练 -------

1.如果你是导游员，如何介绍崂山与道教文化的不解之缘呢？

2.查阅资料，对崂山十二景中任选一处进行讲解。

任务 13　问道太清宫

◇ 任务描述

一个来自广东的老年旅游团将于五日后抵达青岛，游览崂山太清宫景区，如果你是这个旅游团的导游，你将如何带领他们游览并给他们介绍崂山太清宫？

◇ 任务分析

一、太清景区风貌

来到太清游览区，人们可以看到，太清宫三面环山，一面临海，所处的地理位置得天独厚：环围着 7 座山峰，主峰是"老君峰"，左侧依次是桃园峰、望海峰、东华峰，右侧依次是重阳峰、蟠桃峰、西王峰；东面是崂山头；南面是碧蓝的海湾，称"太清湾"。由于被远处巨峰和近处 7 峰环抱，阻挡住了冬季北来的寒冷气流，因而形成了一个独特的近似亚热带气候的小环境，这里冬季的平均气温是 0.9℃。夏季，由于海上吹来的凉爽海风，使这里冬无严寒，夏无酷暑，温和湿润，植物繁茂，品种繁多，不仅北方植物生长良好，而且还有很多南方植物也在这里生根，生机盎然，所以这里有"小江南"之称。

看左前方，石壁刻着"太清胜境""海上名山第一"几个字，再看两旁的石刻：左为"云山道家"，是凹字，也称"阴刻"；右为"碧海仙居"，是凸字，为"阳刻"。道教崇尚阴阳学说，这说明马上要进入道教圣地了。

二、太清宫的由来

崂山太清宫是崂山历史最久、规模最大的一处道观，建于西汉建元元年（前 140 年），距今已有 2140 多年的历史。

太清宫的创始人是江西人张廉夫。他因做官不顺，故弃官修道，在此修建了一所茅庵，供奉三官，取名"三官庙"。到了唐朝末年，道士李哲玄扩建庙宇供奉三皇，取名"三皇殿"。宋朝时期，道士刘若拙又自修了一所茅庵供奉老子神像。刘若拙武艺高强，宋太祖听说他修道高深，于建隆元年（960年）召其入京，想把他留在宫中，刘若拙坚决要求回崂山，宋太祖就敕封他为"华盖真人"，由此给他巨款，敕建"上苑"和上清宫，重修太清宫，太清宫成为刘若拙的别院。从此，太清宫就基本形成了今天的规模。太清宫主要有"三官殿""三清殿"等140多所建筑，占地近3万平方米。

三、太清宫牌坊

太清宫牌坊，高8米，宽16米，白色花岗岩构架，由底座、立柱、额枋、字板四部分组成，为四柱三门式。太清宫牌坊庄重大气，造型别致，自下而上分别雕有"事事如意""福禄寿""鹤鹿同春""十二生肖""龙形"等雕刻，形象生动，寓意深刻。牌坊又称牌楼，是中国古建筑中的特色小品，以其古老深厚的历史底蕴和极为丰富的人文内涵被公认为中华文化的象征，起到了标志、引导、空间分界、装饰美化、纪念颂扬的作用。牌坊阳面"崂山太清宫"五个字为中国道教协会会长闵智亭所题；阴面"阆苑圣德"的意思是指具备高尚品性的现任居住之处。古树名木掩映中的千年古刹，就是古今闻名的崂山太清宫。

四、正楼—钟楼—鼓楼—元辰阁—元君阁—仪门

太清宫的正门于2004年4月建成，2005年5月1日正式开放。正门也称山门，隐含着众道士居于山林隐修之意。跨过山门，就意味着脱离尘世，跨入仙境。山门内两侧供奉着道教的四大护法天师：三眼灵光马灵耀、黑虎玄坛赵公明、威灵瘟元帅温琼和南岳名将岳飞。

走进山门，首先看到的是两侧的钟楼和鼓楼。俗话说：晨钟暮鼓。道士早起敲钟名为"开静"，意味着一天的开始；晚上敲鼓名为"止静"，意味着一天的结束。其目的是为了警示众道士勤修苦练，不可虚度光阴。

往前走，路两边的两座雄伟的建筑是元辰阁和元君阁。

元辰阁正中供奉的是斗姆（姥）元君，为北斗众星之母，道教称她为"圆明道母天尊"，又称"紫光夫人"。据说她在宝座上化生九朵金莲，经七昼

夜而化生九子，即天皇大帝、北极大帝和北斗七星。其形象为三目四首八面，神威浩荡，法力无边，在道教的地位非常尊贵，圣诞为九月初九。其两边供奉的是六十元辰，又称六十甲子或六十太岁，六十年一轮回，为值年之神，掌管一年祸福。这些塑像都是古往今来有功于民族社稷的名臣武将，死后受世人供奉。

元君阁供奉碧霞元君，又称"泰山玉女"，俗称泰山奶奶。道教称男子得道者为真人，女子得道者为元君，她是东岳大帝之女，为泰山女神，是传说中中国古代妇女儿童的保护神，在我国北方信仰极盛，庙宇遍布长江以北，素有"北碧霞、南妈祖"之说。碧霞元君的左右是送子娘娘、眼光娘娘、催生娘娘、天花娘娘四位辅神。

元君阁两边供奉的是道教有名的八仙：铁拐李、汉钟离、吕洞宾、张果老、蓝采和、韩湘子、曹国舅、何仙姑。

太清宫的第二个正门——仪门，原是太清宫的正门。往里进，有一小院，院内种植几棵黄杨树。再往里进，有一门，门口两侧各有一石鼓"抱鼓"，俗称"门当"，"门当"上方的木板称"户对"。屋脊上的兽头名叫"螭吻"，是龙生九子中的一子；走檐上的人兽取自于道教"一人得道，拔宅飞升"的传说。

五、三官殿：耐冬—三官殿—翰林院的创建—南方植被

三官殿的正门两边，有两棵古老高大的银杏树，是宋太祖为道士刘若拙敕建道场、修建太清宫时栽种的，距今已有1000多年的树龄。银杏树最大的特点就是有性别之分，这两棵银杏树都是雄性。银杏树还有"白果树""公孙树"等别称。为什么叫"公孙树"呢？原来，是因为它生长很慢，爷爷种下的树，到了孙子那一代才能吃到果实，所以在民间有"桃三李四杏五年，无儿不种白果园"的说法。

进入三官殿，首先看到的是两棵耐冬树。耐冬又叫山茶，花期从每年的12月一直延续到第二年的5月，长达半年。因其花开时正值隆冬季节，但却能够迎风怒放，所以被称为"耐冬"。耐冬和月季是青岛市的市花。

三官殿右侧的耐冬开的是单瓣红花。当花盛开时，每朵花都贴到了叶面，

好像在树上落下一层厚厚的"红雪"。三官殿左侧的耐冬，开的花是重瓣白色的，树龄也有400多年了。开花时节，一红一白，交相辉映，争奇斗艳，实为太清宫隆冬季的一大奇观。

三官殿主要供奉的是天官、地官、水官三官大帝，传说是上古的三位帝王尧、舜、禹。相传尧敬天爱民，上应天象，风调雨顺，被人尊为"天官"。舜在位时，民风高尚，地不生灾，被尊为"地官"。大禹继承父业，三过家门而不入，治理了水患，理所当然地被尊为"水官"。

接下来来到的院落，是清代翰林尹琳基修建的，所以，后人就将此院称为"翰林院"，现在是太清宫的客堂。尹琳基在这个院子的正厅供奉东汉时期的大经学家郑玄，所以，此院又叫"经禅祠"。郑玄，字康成，山东高密人，他精通经文经学和古文经学，在当时的经文和古经文学论战中，他自成一家，号称"郑学"，"郑学"成为当时"天下所宗"的儒学。郑玄的著作很丰富，曾在今天的崂山惜福镇书院村一带聚众讲学，门徒有1000多人。

翰林院里有一棵棕榈树。棕榈是热带和亚热带植物，在北方的室外很难生长，但这棵树却依然生长得枝繁叶茂，原因是太清宫三面环山，一面靠海，气候非常温和，足证东海崂山不是江南，却胜似江南。

棕榈树旁边的那棵树是素心腊梅，属梅花中的上品，花色浅黄，给人以清雅高洁之感。每当腊梅开花，幽香飘出墙外，游人往往在院外寻香寻源，最后才能见到它的芳容。这不仅使人想起王安石的咏梅诗：墙角数枝梅，凌寒独自开。遥知不是雪，为有暗香来。

六、黄杨树—龙头榆—逢仙桥—康有为石刻

在路上可以看到一棵黄杨树，树高8米多。它看起来不是太粗，但已经有800年的树龄了。黄杨树最大的特点是生长得非常缓慢，所以木质就特别细腻坚硬，是雕刻艺术品的上等材料，在民间有"鸟中之王称凤凰，木中之王是黄杨"的说法。

经过黄杨树，可以看到一棵弯弯曲曲的榆树，因为它是唐朝道长李哲玄亲手栽植的，所以称为"唐榆"，距今已有1000多年的历史了。榆树叶面上曲，形状似龙头，又被称为"龙头榆"。现在这棵树高约19米，树冠东西长25

米多、南北长约 33 米，遮阴面积达一亩多地。

在龙头榆对面，有一块大石头，上面雕刻有"逢仙桥"3 个字。相传，宋代道长刘若拙除夕迎神，在这里遇到一位白须到胸的老翁，走上前来与他交谈，正想问其姓名，老人却不见了，只在雪地上留下了两个脚印，于是刘若拙认为自己遇到了神仙。因为在这座桥上曾经与仙人相逢，所以就将此桥称为"逢仙桥"。

过逢仙桥上山，迎面可以看到康有为石刻。康有为自戊戌变法失败后，辗转海外，后来回国到青岛居住，并两次专程来太清宫游览。这处石刻是1923 年康有为 65 岁时游览太清宫写下的一篇游记，是一首五言的 66 句长诗。该诗首句便是"天上碧芙蓉，谁掷东海边"，把崂山誉为天上的一朵碧芙蓉。"青绿山水图，样本李将军"，把崂山的无限风光比作唐代以专攻山水画而著称的李思训的画卷。李思训是唐朝的大将军，善画山水画并自成一家，其子也善画山水，他们被称为"大、小李将军"。这首诗赞美了崂山风光、山色、奇石、怪峰、古木、名花以及建筑特色，似行云流水，是太清风景区最有价值的刻石之一。邓小平同志 1979 年来崂山视察时，在此看了足有一刻钟，肯定地说："这是康有为的真迹。"

七、丘祖殿—文昌殿—财神殿

走出后门，便来到了丘祖殿，这里供奉的是全真道龙门派开派祖师丘处机。丘处机，号长春子，山东栖霞人，19 岁师从王重阳。金世宗大定十年师傅仙逝后，丘处机去陕西蟠溪苦修六年，后又去甘肃龙门苦修七载。13 年间，一蓑一笠、日乞一食、胁不沾席、寒暑不易、从者如风，被人称为"蓑衣先生"。1195 年，丘处机、刘长生等全真七子从山东昆嵛山来到崂山传道，崂山道教从此皈依全真教。丘祖殿两侧供奉的是丘处机的两个弟子尹志平和李志常。

文昌殿中间供奉的是文昌帝君，传说为主宰功名利禄之神，是古代学问、文章、科举的守护神，其两侧供奉的是文曲星和武曲星。

财神殿正中供奉的是比干，其左为文财神范蠡，其右为武财神赵公明。

在此下山，经逢仙桥来到三清殿。

八、三清殿：正殿及东西配殿

三清殿是太清宫的主殿。三清殿里供奉的是三清尊神，中间那位是玉清元始天尊，他手持元珠象征洪元；右边那位是上清灵宝天尊，他怀抱如意，象征浑元；左边那位是太清道德天尊，也就是老子，他手持宝扇象征太初，张道陵创教时把他尊为教祖。三清是道教的最高境界，这三位天尊也是道教信奉的三位最高尊神。

在三清殿外侧，那尊红脸膛、三只眼、三目怒视、虬须四张、披甲带盔、手持钢鞭火轮的神像就是镇坛王灵官。王灵官是道教的护法神和纠察神，相当于佛教护法神韦驮的地位。

东配殿供奉的是"东华帝君"，在神话传说中它是天上阳神的总管，全真道奉他为北五祖的第一祖。他姓王名殆，道号"东华子"，曾经隐居昆嵛山烟霞洞潜心修炼，修道成功后，得天真赐号"东华帝君"。

西配殿供奉的是西王母，神话传说她是天上阴神的总管，居住在昆嵛山的瑶池，民间称她为王母娘娘，西王母是她的官称。西王母最初是中国西部一个部落的首领，随着历史的传说，逐渐演变为神话，西王母也由人变成神，道教中称她为原始天尊的女儿。

三清殿院内中有芍药、金桂、四季桂等多种花卉，最为名贵的就是东华殿前的那棵绿萼梅。它树体虽不高大，但树龄已有300多年。开花时，其弯曲的枝条点缀着艳丽的花朵，仪态显得格外庄重、古朴、典雅。传说这棵树在"文革"期间曾流落他乡，后来被市园林局的工作人员找回，种在院内。据说它是长江以北同类树种中最大的一棵，属国家一级保护植物。

九、关岳祠：建祠由来—金桂—蒲松龄写书亭

走出三清殿向右拐，便来到关岳祠。这里供奉的是汉代关羽和宋代忠将岳飞。道教信奉他们，一是因为道教是我国土生土长的宗教，必然要吸收一些民族精神、民族传统，其中包括忠和义。另外，道教的观点是"道化为禅"，"道"无所不在，无所不包，那么禅也无所不在，无所不包，天上的日月星辰、风雨雷电，地上的山河湖海，人间的圣贤豪杰，都能成为神。关羽和岳飞都是一代豪杰，将他们奉为神，取其"忠"和"义"，所以关岳祠又名"忠义祠"。

关岳祠门口的这棵树是一棵金桂，每逢桂花盛开，老远就可以闻到金桂花那浓浓的香甜味道。其树枝上系满的红绳是人们用来许愿的。

金桂树旁边这个小亭子，传说是"蒲松龄写书亭"。相传蒲松龄到崂山时，曾在此写书。《聊斋志异》共有 400 多篇故事，其中有 8 篇是以崂山为题材或以崂山为背景的，如《崂山道士》《香玉》等。郭沫若生前对蒲松龄曾做过深刻的评价："写人写妖高人一等，刺贪刺虐入骨三分。"据有关专家考证，蒲松龄曾于 1627 年到过崂山。有一天深夜，他坐在这个亭子里凝思，忽见对面白色墙上有一人闪过，像是穿墙而入，定睛一看，原来是道童给他送茶闪过的影子，由此启发了蒲松龄先生的灵感，他挥笔写成了有关"穿墙术"的《崂山道士》名篇。现在的这个亭子是根据传说修复的。

十、神水泉

崂山矿泉驰名中外，山有多高，水就有多深，神水泉是崂山的四大名泉之一。"神水泉"三个字，据说是宋代华盖真人刘若拙的亲手笔记。为什么叫它神水泉呢？据说它有三"神"：一"神"为水质清澈甘洌，含的矿物质非常丰富，杂质却非常少，据说崂山道士们用过多年的暖水瓶从来没有生过水垢；二"神"为大旱三年泉水不涸，大涝三年不溢。无论怎样取水，水面始终与井口保持一致，只可惜在近几年的一次修复中，因地基打得不好，水位发生了一些变化；三"神"为饮用此泉水，有助于治疗胃溃疡、糖尿病等多种慢性病，起到延年益寿的效果。

十一、三皇殿：三皇殿—十大神医—金虎符文—耿祖祠—救苦殿—汉柏凌霄—拜斗石

在三皇殿里，中间那位手里擎着太极图的是天皇，也就是伏羲氏；旁边那位手捻稻菽的是地皇神农氏；另一边手握笏板的是人皇轩辕氏。关于这三位老祖先的传说有很多，如伏羲制八卦，神农尝百草，轩辕黄帝做兵器、造舟车等，他们都被尊为开创华夏文明的始祖。

三皇殿两侧供奉的是中国古代的十大神医，其中有首创诊病"望、闻、问、切"四法的扁鹊；有发明麻沸散、创健身五禽戏的华佗（华佗发明麻醉药比欧洲早 1500 年）；有著《伤寒杂病论》的张仲景；有著《千金方》后被尊为

药王的孙思邈；有修《本草纲目》的李时珍等。由此可以看到，三皇殿正殿所供奉之神都是对我国和人类文明做出过非凡贡献的历史人物，他们的智慧和勤劳一向受到人们的崇敬。

在正殿屋檐下有两块碑刻。东边是成吉思汗敕谕丘处机的护教文，西边是成吉思汗颁给丘处机的金虎符文。其行文年代是癸未年，就是1223年，至今已有780多年的历史，是当今崂山庙宇现存碑刻中最古老的两块，有很高的历史文献价值。这两块碑刻的文字大意是，让丘处机总领天下道教，皇帝所有的域地，丘处机都可以居住，天下的官府都给他保护和方便，他所主持的宫观都不派差、不纳税，其中很重要的一句话是金虎符文中的"真人到处如朕亲临"。由此可见，当时丘处机极受成吉思汗的尊敬，不仅被拜为国师，而且被尊为"神仙"，丘处机甚至有皇帝的同等身份。之所以如此，可能是由于成吉思汗为了利益所需而尊崇道教，以及丘处机本人学问高深、胸有谋略的原因。据《元史·丘处机传》记载，丘处机曾随成吉思汗西征，丘处机的进言很受成吉思汗的赏识。丘处机一生专修"全真"教义，对养生学很有研究。他的书法、诗词造诣也很深，在崂山留有40余首诗词，尤以有关太平宫、龙洞的20首最著名，而且是他的亲手笔记。1227年丘处机逝于北京白云观，时年79岁，崂山上清宫前有他的衣冠冢。

西配殿是"耿祖祠"，供奉"扶教真人"耿义兰道士。耿义兰是明万历年间崂山白云洞的道士，他带领道众与在太清宫三清殿前建佛寺的憨山和尚打官司胜诉，为道教立功，所以被尊为"扶教真人"。

救苦殿供奉的是"太乙救苦天尊"。关于太乙救苦天尊的信仰始于何时，不得而知。传说凡是被打入地狱的人，只要他们的亲人带着太乙救苦天尊传授的神符向神祈祷，下地狱的人便一定会得救。其左边是八仙之一的吕洞宾，右边是观世音菩萨。

庭院里有一棵桧柏树，由汉代崂山道士张廉夫亲手栽植，距今已有2000多年。很早以前，在这棵树上寄生了一棵凌霄树，像龙一样，缠在树干上，这一奇景被称为"汉柏凌霄"。但在一次雷雨中此树遭到雷击，引起火灾，凌霄树被烧死，这棵树的树冠也被烧毁。几年后，奇迹出现，不但这棵树又重活，而且在树干的一侧又生出一棵凌霄，夏秋季节绽开橘红色的喇叭状花朵。更令人叹奇的是，在树的另一侧，又生出了一棵盐肤木。盐肤木又叫五倍子，属灌木科，主要生长在南方的四川和云南两省，北方很少见，只可惜这棵树后来枯死了。但人们发现，在这棵树北边的第一个树杈上又长出了一棵小树，只有一尺多高，经鉴定是一棵刺楸。刺楸木质好，可做火车铁轨的枕木、可制作乐器等，它的树皮还是一味中药，被称为"海桐皮"。这棵树"四树一体"，具有四大特点：一是常绿乔木、灌木、藤木相结合；二是阔叶树木与针叶树木共存；三是开花与不开花树木共荣；四是落叶与不落叶树木共体，实为大自然创造的奇迹。

接下来可以看到一块大石崮，上面有大小不一的洞穴，形状像北斗七星，这是太清宫道士拜北斗的祭坛"拜斗石"。传说，唐朝道士李哲玄再次拜北斗，见红光自天而降，于是由此得道。据有关研究资料考证，这石崮上面的洞穴，是因为海水侵蚀形成的，学名"海蚀穴"，这证明过去崂山曾在海底。因此，它对研究崂山的地质变迁现象具有一定价值。

十二、海印寺遗址

刻有"海印寺遗址"的石碑，用的是原先建海印寺的石头，碑上刻有"明万历十三年憨山大师建海印寺于宫前，二十八年降旨毁寺复宫"。这里说的是一个关于"僧道之争"的事件。

明万历十一年（1583 年），憨山和尚从五台山来到崂山，在今华严寺西边的"那罗延窟"修禅，两年后（万历十三年）来到太清宫。他觉得崂山的地势优越，是建寺的好地方，于是开始设法酬金。经过四年的努力，终于在万历十八年（1590 年）年建成了海印寺。据史料记载，在海印寺建成之前，太清宫道观已开始败落，殿堂道舍几乎倒塌废弃，众道流散他地，只剩下一两个道士守着，生活无着无落，甚至要卖出地产。尽管如此，憨山在这里建佛寺，对道士来说却是一个很大的刺激。他们觉得，守不住基业，寄人篱下，脸上无光。于是，道士耿义兰出面驱逐憨山，憨山凭借当时的地位和势力，不加理睬，耿义兰等人便进京上告。万历二十三年（1595 年），皇帝下谕旨让憨山进京问罪，万历二十八年（1600 年）降旨"毁寺建宫"。憨山受到"酷刑严讯"之后，以私营寺院的罪名被发配到雷州（今广东雷州）。这样，历时多年的僧道争地的纠纷以道教胜诉告终，费时四五年、耗资巨大的海印寺也毁于一旦。原先败落的太清宫得以重修，而且皇帝还御赐太清宫《道藏》一部。

憨山在被发配到广东期间，住在曹溪宝林寺，宣扬禅宗，主张佛、道、儒一致，圆寂于曹溪，时年78岁。看对面山上有两块石头，其中一块很像一个和尚，传说憨山被发配后，一直念念不忘崂山，死后变成一块石头，注视着海印寺遗址。

技能训练

根据理论知识的学习，如果你是导游员，在景点示意图前着重介绍太清宫的哪些景点呢？请分析探讨模拟讲解的优点和不足，以提升讲解能力。

任务14 登顶巨峰

⬇ 任务描述

暑假期间，作为志愿者的你接待了一个来自甘肃的夏令营团队。他们拿着崂山矿泉水，想要去崂山矿泉水商标上面的景区——巨峰。身为旅游学校的学生，提前应该做好哪些景区知识的储备呢？

⬇ 任务分析

巨峰游览区位于崂山中部，因崂山最高峰巨峰而得名。巨峰是崂山的主峰，海拔1132.7米，青岛的名牌商品"崂山矿泉水"的商标图案就是崂山巨峰。自巨峰沿不同方向延伸出五大支脉，每一支脉又分成多个小支脉，自然形成了与主峰相呼应的 8 个山口。这些山口的方位正好与中国古代"五经之首"——《易经》的八卦方位相吻合，大自然的奇妙创造正好与中国古代先哲的思想妙合。

巨峰景观，可谓风光无限、气象万千。其中最为著名的当属"巨峰旭照""云海奇观""崂山火球""银峰晶挂"四大奇观。

"巨峰旭照"是指在崂顶观日出的壮美景观。黎明前登上崂顶，遥望东方，在海与天相连的地方，渐渐出现一抹鱼肚白。转眼间，彩色光圈下出现一个鲜红光团，光团慢慢上升成为一个圆形的火球，把海水"提"起来，这时候的太阳宛如一盏灯笼镶在海面的"基座"上。一瞬间，只见太阳向上轻轻一跃，升了起来，海面上万点金光，波光闪耀。这时，巨峰和群峰的顶部满布霞光。渐渐地，太阳越爬越高，将山谷中的浮云都染成了红色。"巨峰旭照"这一景观被誉为"崂山十二景"之冠。

"云海奇观"一般出现在夏季。这期间，气重云低，站在峰顶向下看：云层在脚下的山腰里缠绕奔涌，形成一片片浪花飞卷的云海，置身在这一瑰丽的景象中，你会有一种腾云驾雾的神仙般的感觉。

"崂山火球"是指盛夏雷雨天气的一种自然奇观，不是经常可以观赏到的。因为夏季白天气温较高，空气中水分含量较大，每当雷雨天快要到来时，天低云暗，游人站着崂山顶，头顶上是火辣辣的太阳，脚下却是黑云压境。只见在浓黑的云海中，好像整个山都在摇晃，令人胆战心惊。雷雨过后，峰谷又恢复了平静，空气中格外清新。洞谷流溪，轰鸣奔泻，又形成另一种撼动山岳的汹涌气势。

"银峰晶挂"一般出现在隆冬季节，也是一种特定情况下的自然景象。严冬季节，崂山气候寒冷干燥，气压较低，带有一定水汽的薄云通常在千米以上的高空游弋，云的温度要比气温低，所以云中的水分碰到石头或树木、草类等凉的物体就会附着在上面，并结成冰晶。

崂山群峰屹立，重峦叠嶂，绵亘百里，"海上仙山"声名远播四海，但是因为很少有文人墨客登过极顶，巨峰在千百年来一直披着神秘的面纱，了解它的人非常少。年复一年，日复一日，游人只能在山的边缘转一转，望山兴叹。

21世纪以来，崂山风景区管理委员会把开发崂山巨峰游览区作为重点工程来抓，精心组织，按照市委、市政府的指示，由中国易经学会会长刘大钧教授对巨峰八卦门、山门等进行文化内涵设计，将"大道之源""众经之首"的《易经》以物化的形式加以表现，展示其阴阳哲学的独特魅力，贯通天、地、人"三才合一"的整体思维，使人们在游览中领略中华民族的优秀传统文化。

一、走近巨峰

从青岛市区去崂山的第一个风景区就是登瀛风景游览区。该景区位于崂山南部，濒临黄海，因为景区内有一个叫"登瀛"的小村子而得名。据说当年秦始皇派徐福寻找长生不老药，由徐福带领的东渡船队曾在这里停靠，然后下海东渡，驶往日本。

走在盘山公路上，一路秀峰幽岩，奇石洞流，一处处优美的自然风光与历史文化有机结合的景观，一座座栩栩如生的雕塑，为崂山厚重的历史增添了一笔宝贵的财富，仿佛正在穿越崂山历史文化的时空隧道。这里有明代崂山著名道士孙玄清的雕塑，说的是海岳金山的故事。孙玄清原本是山东寿光的一位盲眼僧人，后来听说崂山道士徐复阳原来也曾双目失明，但经过苦苦修行，20年后双目复明，于是，他来到崂山明霞洞，改佛从道，开创了全真道教金山派，崂山明霞洞也因此成为金山派的祖庭。这里还有三丰拳谱。张三丰是一位带有传奇色彩的道士，是全真道教龙门派第三代道士，一生曾经两次在崂山住修，时间长达几十年，不仅自己功成名就，还收了一批修行有道的弟子。他不但精通道学，内功深厚，而且在武学上也达到了登峰造极的地步，形成独家武术绝技。岩壁上的这些造型雕刻，演示的就是过去数百年来为武林人士所仰慕的太极拳祖谱。

华盖兴道，是指历史上崂山著名道士刘若拙的雕像。刘若拙是五代后期的崂山道士，祖籍四川，自幼出家修道，后来到崂山，在太清宫南侧搭建了一座茅草庵，独自修行。因为当时崂山经常有虎狼出没，伤害当地山民，刘若拙以自己高强的武功驱杀虎狼，保护了一方百姓的生命安全。当地群众非常崇敬和爱戴他，为他送了"驱虎狼庵"的匾额。宋太祖赵匡胤即位后，封他为"华盖真人"，并留他在京城担任"国师"，但是他坚决要求回崂山。宋太祖拨款令他重修了崂山太清宫，新建了太平宫、上清宫等道观，为崂山道教的发展开创了新局面。

药师千金，是指我国著名神医孙思邈的雕像。崂山与孙思邈有什么联系呢？原来，崂山的植被在国内各裸岩花岗岩山体中是最丰富的，尤其珍贵的是遍布群山的中草药。据记载，最早在崂山采药的人是秦代以前的安期生，但是真正把中草药药方写成书的应该算唐代药王孙思邈。他的行医格言是"胆大心小，智方行圆"。孙思邈所保留、积累的药方被后世称为"千金方"。

敕炼金丹这座手持金丹的雕像是唐代道士孙昙。孙昙曾奉旨为唐玄宗炼丹。唐玄宗到了晚年，听说仙山上可炼出让人长生不老的灵丹妙药，就先后派遣了道士姜抚、孙昙等人来到崂山为他采药炼丹。在崂山棋盘石游览区，至今还保留着古老的刻石，记载着孙昙率领他的弟子们为唐玄宗采药炼丹的故事。

康成传经这一雕刻讲的是"康成传经"的故事。郑康成是东汉时期著名的经学大师，晚年来到崂山，开设书院，聚众授徒。人们把他开设的书院称为"康成书院"。为纪念这位经学大师，弘扬中华传统文化，康成书院已迁到太清风景游览区。

武帝祀神是指西汉武帝刘彻4岁时被封为胶东王，受崂山道家的影响，自幼就喜爱道学和神仙之术。据史书记载，它曾经两次回到他童年时期受封的地方，在不其城（现在青岛市城阳区）建明堂、祀神仙。

秦皇觅仙是秦始皇和安期生的雕像。据《道藏》记载，秦始皇在崂山与安期生畅谈三天三夜，毫不疲倦。分别时，他恋恋不舍地问安期生："不知咱们什么时间还能再见？"安期生回答说："十年以后，吾皇可到海上仙山蓬莱、方丈、瀛洲与山民相见。"于是引发了秦始皇命徐福出海寻仙的事情。

韦编三绝是孔子雕像。孔子在晚年的时候，为了研究《周易》，反复阅读《易经》。据记载，由于他勤恳学习、不断读书，使当时连接竹简的牛皮绳断裂多次。将孔子塑像立在崂山是为了纪念古代先师们刻苦学习的精神，是为了激励后代学子更好地继承、发扬祖国优秀的传统文化。

周文作易这座雕塑讲的是周文王演八卦的故事。《周易》被称为"大道之源，众经之首"。在《周易》哲学思想的影响下，派生出一系列数术门类的学科，在民间以及海外广泛流传。

邑考救父这座雕刻讲的是邑考救父的故事。

走进崂山，您会发现，在游览秀美自然风光的同时，又在解读崂山这部厚重的传统文化史。从山下往山上走，攀登得越高，追溯的历史就越久远。走到崂山山门前的时候，中国远古人类的神话——神龟背负河图、洛书的巨大雕塑就会把您带到很久很久以前。中华古老文化的发源地，中国古代的数学、哲学以及由此衍生出的一切理学观念，都是以河图、洛书作为起源的。

二、走上巨峰

登山必登主峰。《齐记》赞说："泰山虽云高，不如东海崂。"只有登上巨峰极顶，才能体会得更为深刻。

这里是雄伟壮丽的崂山门户。站在这里，一种浓厚的传统文化气息扑面而来。山门两侧是著名易学家刘大钧教授撰写的楹联："鳌崂独壮哉海抱神山山抱海；诸子俱来矣贤传大道道传贤。"语言气势磅礴，视角宏大，既体现了崂山山海相依的自然特色，又记录了中华民族五千年文化传承的主题因素。山门横批"天地淳和"，既反映出人类对自然的赞美与期望，又反映出人类对自己行为准则的规范。

山门右侧那座小亭称"搁云亭"。站在这里向东看，就是崂山著名的"七十二蹬台"。这里的山体岩层呈页片状横向排列，厚薄虽然不等，但排列有序，从底部到顶部连续平铺共72级，浑似一对巨大的古代竹木简经书，有人称其为"老子藏经处"。沿山路上行，还能观赏到惟妙惟肖的"小鸟石""烟袋锅石"等奇妙景观。

请看对面醒目的"嘉会"二字。区区二字，意味深远。它出自《易经》之《文言篇》："体仁足以长人，嘉会足以合礼。"意思是说：自己要有宽阔的胸襟，爱护关心别人，才能够领导别人。人与人之间相处得好，才能合乎社会道德礼仪的要求。"另外，它还可指来自五湖四海的嘉宾在这里聚集汇合。历代高僧名道及显宦名人来到崂山后，为崂山留下了大量的宝贵文化遗产，这些文化遗产给崂山带来了一些嘉祥的气场，庇佑到此的游人。

自然碑是巨峰游览区第一石景，是一座方形的巨大石崮，高约40米，宽约10米，崮顶外凸，下方平直，从南面向北看，就像一座巨大的石碑，因此取名为"自然碑"，是崂山众多著名的象形山石之一。从正面看，碑身左上侧向外突出的一块石头，就像一只活泼可爱的小猴子，那眼睛、鼻子和嘴、一只前爪，活灵活现，使人们能感悟到大自然神功造化的奇妙。

离门是崂山八卦门之一。"离"是《易经》八卦之一。离门在崂山巨峰游览区环形路上，这里正好位于巨峰的正南方。离门的楹联：上联是"乾坤知造化，登易学堂奥，瞻识无碍"；下联是"天地任作为，入数术门庭，悟法有方"。意思是说：大自然掌握着变化的规律，这些奥妙在许多人看来是深不可测的，但是只要你进入易学殿堂并真正掌握易理之后，无论对宏观世界还是微观世界的发展变化，都能明察秋毫。所谓"方"，可以理解为"方以类聚"之方。站在离门可以看到巨峰那若隐若现的雄姿。

从观景台开始，便进入海拔在800~900米的巨峰游览区环山游览路了。从这里起步，将依此通过巽门、震门、艮门、坎门、兑门、坤门。

比高崮是一座海拔高度为1083米的石崮。其山体笔直陡立，顶部比较平坦。从西侧观看，比高崮好像比巨峰还要高，大有与巨峰试比高的气势，因此人们给它起了个有趣的名称——"比高崮"。它又好像一个亭亭玉立的窈窕淑女，面向巨峰含情凝望，因此还被称为"美人峰"。

三、巨峰

崂山极顶——巨峰，是崂山的主峰，也称"崂顶"，海拔1132.7米，是我国万里海岸线上的第一高峰。

巨峰之巅属花岗岩岩柱，面积大约为300平方米。其最顶端的一块巨大石崮拔山而起，越向上越尖，像一把利剑直刺青天。沿着由人工开凿的石阶登上瞭望台，正如古诗所云："凭高目断周四顾，万壑千岩下无数，匝低洪涛吞岛屿，三山不见，九霄凝望，似入钧天去。""忽闻海上有仙山，山在虚无缥缈间"的诗句，把这里的景色描绘得淋漓尽致。从峰顶举目远眺，海光山色，尽收眼底：东、南方可遥望浩瀚大海；西、北方，群峰峻岭，城市和村庄依稀可辨。站在峰顶，尽可领略美不胜收的远方景观，四周群峰竞秀，千姿百态。

峰顶南侧有清代石刻"东海奇观"。那是杨得志将军视察时写的一首藏头诗："登望黄海，众志成城，峰注云霄，顶灭来敌。"字里行间，抒发着共和国一代名将卫国的豪情壮志。

一线天是巨峰身前一处两壁相间、宽约 2 米、高约 40 米、纵深约 30 米的狭长石缝。令人称奇的是：壁间上方夹着一个硕大的圆形石块，传说是玉皇大帝皇冠上的一颗宝珠掉落下来，砸开了这条石缝，并被夹在了缝中。实际上，一线天是一块巨石的自然裂缝。如果从石缝中仰首观天，只能看到一条线，因此被称为"一线天"。

灵旗峰原称"仙台峰"。因它远看山势秀削而且狭薄，形状就像一面迎风招展的旗子，所以被更名为"灵旗峰"。

走在这条登山路上，抬眼可见像一排空中楼阁的长廊，那就是巽门。"巽"是《易经》八卦之一。巽门的楹联：上联是"八卦八门千古灵秀"，是说风徜徉于天地八方，显示着千百万年以来天地的灵气；下联是"四象四德万物更新"，歌颂了风在不同季节中为万物的更替默默地贡献。

天茶顶是一座海拔 981 米的山峰。据说在这座山峰东坡的悬崖石缝中曾经生长着一株野山茶树，所以得名"天茶"，至今民间还流传着一个很有趣的故事。很早以前，有一个小道士奉师父之命下山采购东西，回来时，看到山路旁有一个人在卖熟牛肉。小道士闻到香味，又见四下再无旁人，便把 10 多斤肉全都买下，带了回来，偷偷放在一个山洞里，想时不时地解解馋。到了吃饭时，小道士便借故开溜，悄悄在山洞里开起了小灶，没料到吃起来就收不住了，一下子把 10 多斤肉全吃了。到了半夜，小道士便开始腹中胀痛，躺在地上打滚喊叫。老道士问明情况后，转身回厨房烧了一碗热汤让小道士喝。小道士见碗中水色清碧，香气扑鼻，一仰脖儿喝了下去，不一会儿，腹内不胀也不痛了。小道士赶忙跪地感谢，并问师父给他喝的是什么灵丹妙药。老道士微微一笑，说道："此乃天茶顶之茶也！"这个故事虽然有些夸张，但崂山茶久负盛名，不仅品位独特、醇厚清香，而且清肺利气，延年益寿。尤其是"崂山云峰"茶，素有"绿色的金子，友谊的桥梁"之美誉，在1998年中国国际茶文化交流会上被评为"国际五星级钻石金奖产品"。喝崂山泉水，品崂山绿茶，清香可口，回味无尽。

"震"也是《易经》八卦之一，由在上面的两个"阴"与下面的一个"阳"组合而成。论方位，它位居东方；在家庭，它代表长男；在自然界，它代表雷。雷，迅疾而威猛，严厉并且公正。在古人的心目中，除了亲密无间的大地母亲与高远不可知的上天父亲外，最直接令人畏惧的就是雷，因为无论什么可怕的野兽在雷面前也得服服帖帖。震门的楹联：上联是"海涛拍岸疑雷至"，下联是"雾气拂面是飞云"。意思是：当你与顺风飘来的云雾融为一体时，你会听到海涛、林涛、风涛……你会感到山与海的交融、人与自然的交融、心灵与天地的交融。

通向艮门的路称"致富路"。艮门是一个不大的山口，门两侧有楹联，上联是"叹艮门山重，望似无路"，下联是"听林中松涛，顿开九天"。"艮"是《易经》八卦之一，在家庭中，它代表少男；在自然界，它代表山；论方位，它属于东北方。山是大地的骨骼，没有山就没有洞，山洞是早期人类及其他兽类居住的地方。

山峰北侧的那座山门就是坎门。"坎"是《易经》八卦之一，它的符号由两个"阴"夹着中间一个"阳"组合而成。在家庭中，它代表第二个儿子；在自然界，它代表水。水是一切生命的摇篮，也是一切生命赖以生存的必要条件。大自然的鬼斧神工在崂山巨峰的北侧巧妙设置了天乙泉，即源泉，正吻合了中国古代先贤的"天一生水"理念，也使崂山巨峰妙然天成的八卦阵真正达到了行与意的完美结合。坎门的楹联：上联是"草木凝卦聚神气"，下联是"海天呈演道源"。意思是说：大自然中的一草一木都凝聚着生命与灵气，每一个微笑的生命形式都显示出造化功力的伟大和神奇。

天乙泉又名"源泉"，是崂山山泉中海拔最高的一口水泉，前面提到的"天一生水"的易理在这里有着完美体现。汉语成语有"山高水长"之谓，俗话则说："山有多高，水有多长。"天乙泉虽居高位，但水源丰富，水流常年不断地在高山峡谷中流淌，沿途又汇集了无数溪流，顺势而下，同崂山的奇峰幽谷一道绘就了一幅幅精美的山水画卷。

天乙泉背依的石壁上刻有"源泉"二字，为20世纪30年代初时任青岛市市长的沈鸿烈题写。

五指峰是崂山著名的石景，指一组奇特的、比较集中的五座山峰。它们依次高低错落，纵向节理较多，最高的那座海拔1050米。远看，这五座山风就像一只伸开了五指的手，直刺青天，因此被称为"五指峰"。

乾门是诸门中最为吉利的门。"乾门"在《易经》八卦中居首位，是由3个"阳"组成。在家庭中，它代表父亲；在国家中，它代表君王、皇帝；在六气中，它属于"太阳"；在自然界，它代表天。在易理念中，"乾"为八卦之首，又拥有"元、亨、利、贞"等吉祥内容，所以有"领八卦，证三才"的资格。又因为在"九宫八门"中，乾门位于西北方，是诸门中最为吉利的门，所以其上、下联内分别设置有"吉、祥"二字，以贯"天、地、人"三才之道，可见这副楹联寓意之深厚。

黑风口海拔790米，无论是南来的风还是北来的风，都要从这里通过。由于其地势高峻，山风较大，会发出"呜呜"的吼声。尤其春夏时节，浓浓的低云从这里飘过，周围时明时暗、亦云亦雨，当地人称其为"黑风口"。

西北方向还有两座石崮相对峙，形成一处山凹，过去是徒步登临巨峰的必由之路，因此被称为"巨峰口"。其北侧可观赏到女娲正在采石补天的"女娲采石峰"、烟雾袅袅的"丹炉峰"，西侧的"太乙峰""狮子峰"近在眼前，顶部就是小天池、迷洞等巧夺天工的奇观佳景，南侧有新月、七星楼、孔雀石、石门等奇异景观，令人目不暇接。

通往兑门的路，称"自强路"。自强路取自《易经》乾卦象传："天行健，君子以自强不息。""兑"也是《易经》八卦之一，是由两个阳托着一个阴组合而成的。在家庭中，它代表最小的女儿；在天气中，它属于少阴；在方位上，它代表西方；在自然界，它代表"泽"，就是现在保持生物多样性的宝贵"湿地"。湿地不但为植物生长提供最优良的环境，也为人类提供最丰富的食物来源。今天，人类以自己的实践重复着《易经》的一种理念：

保护湿地——人类生存的摇篮。在《易经》中，"兑"的卦象兼有"喜悦""口舌"的意思，要求人们广采博纳，在讨论和讲习中不断丰富和提高自己的学识，从收获中得到喜悦；同时提醒人们，应该具有宽阔的心地和仁厚的行为。

风桥险渡是 2002 年竣工的一座悬索桥。其桥身长百余米，高悬于深深的山谷上。走出悬索桥，向西远看：海拔 1000 米以下的山峰，诸如龙泉崮、麦石屋、茶涧、狼山、观台峰、万卷书、纱帽峰、元帅崮等迤逦排列。

沿着讲习路上行，前面的山口就是坤门。"坤"是《易经》八卦之一，由 3 个中间断开的"阴"组成。在家庭中，它代表母亲；在六气中，它属于太阴；在自然界，它代表养育万物的土地；在方位上，它居西南；在巨峰游览环线上，它正好位于巨峰的西南方。坤门的楹联意思是：大地母亲的心胸无比宽广，直行、横行都无所碍，它无私奉献的厚德，养育着地球上的一切生命，体现了仁厚、正直、善良的本性。一个人能够理解并且体察这种精神，那么做起事来一定正直、善良，一定有远大的前程。如果能把大地母亲的厚德作为指导自己行为的规范，无论做什么事都会有好结局。

◆ 知识拓展

巨峰的攀登线路

进入 21 世纪，崂山风景区管委会以开发巨峰游览区为重点，经过精心组织设计，建立了环顶石阶道路、"八卦门""山门"等设施，还建有天桥和亭阁，供人们在游览中领略中华民族的优秀传统文化。崂山不像华山或泰山那样通往顶峰只有一条路，游览巨峰可以从东、南、西、北不同方向攀登。

东路：由上清宫或明霞洞上山，越过会仙山，穿过林中道路，就可到达巨峰。

南路：从流清河谷上行，沿烟云涧向北到寿阳宫，从寿阳宫北上 2500 米为明代的砖塔岭，再行 1500 米至风口，过风口、小风口，北上数千米就到巨峰。

西路：由旱河向东上行，经下十八盘到柳树台，自柳树台乘车一路向东上行，经上十八盘可到巨蜂。

西北路：由鱼鳞口往东南而上，这一条路虽然不是大路，但走起来并不困难，约行 5000 米即可到达巨峰。

北路：由蔚竹庵先向东朝明道观方向前进，行至路程中段折而向南至滑溜口，沿滑溜口再上巨峰，路程约 5000 米。

技能训练

根据理论知识的学习，如果你是导游员，带领游客游览巨峰景区时，会选择哪些景点进行具体的讲解呢？

请分析探讨模拟讲解的优点和不足，以提升服务水平和沟通技巧。

任务 15　逶迤北九水

➡️任务描述

北九水是崂山景区中景色最好、山水结合最好的景区，不少游客都慕名而来。作为青岛市一名志愿导游，带领游客参观游览北九水景区时，要将哪些最精华的美景推介给大家呢？

请带着这个问题继续学习。

➡️任务分析

人们常说："不到北九水，不算游崂山。"如果说崂山南线太清景区以道教文化取胜，崂山东线仰口景区以海天一色的自然风光见长，那么北九水景区就以自然山水胜景而闻名了。

一、概况

山无水不秀，水无山不雄。崂山的北九水景区不仅身处崂山，而且水资源特别丰富，可谓兼得山水雄秀之美。北九水之水从崂山的源泉——天乙泉而来。源泉之水从海拔1100多米的高峰顺势而下，中途又汇集了众多溪流，凌空泻入靛缸湾，又从靛缸湾溢出，沿着长长的深山峡谷，弯弯曲曲，时急时缓，时聚时散，奔腾而下。这样一来，再配以两侧群峰耸峙，禽鸟啼鸣，奇光荟萃，绿树成荫，山与水相互缠绕，形成了一步一景、一湾一色的瑰丽山水画廊风光。

北九水游览区位于崂山中部偏北的白沙河中上游地带。由于地处巨峰北部，寒冷空气可以进来，气温较低，所以适合低温带植物生长，因此这里植被种类丰富，有着"小关东"之美誉。

如果说崂山是座"天然雕塑公园"，那么北九水就是崂山这座天然雕塑公园的"园中之园"。漫步北九水，"五步一换景，十步一重天"，随处可见形象各异、千姿百态的象形山石，浑然天成的造型栩栩如生；清澈的流水千回百转，潭水碧绿，变化无穷。所以北九水自古以来就被称为"九水画廊"。当人们步入这巨大的画廊时，就会真正获得"人在图画中"的感受。

那么，为什么称之为"北九水"呢？这是因为崂山的南麓还有处"南九水"。北九水又分为"外九水"和"内九水"。有人也许要问：怎么这么多的"九水"？因为水从深山峡谷中流过，穿山越涧，弯弯曲曲，拐了很多弯，每拐一道弯，人们就称其为"一水"。据说，"外九水""内九水"在长长的峡谷中一共拐了整整十八道弯。其实，究竟拐了多少道弯恐怕也没人数得清，之所以用"九水"来命名，还是因为其拐弯之多吧。在中国文化中，"九"为阳数最大，所以往往用"九"来形容至多。

二、外九水

外九水以山有九折、水有九曲而闻名，其转折处，必有峭岩削壁，岩壁下水汇成澄潭。

外一水。这里原来有一潭碧水，名"菊湾"。因水泻入潭中，泛起了一排排洁白的水花，就像镶嵌在碧玉上的一排排银白色的菊花而得名。当地人称这美丽的景色为"银水吐花"。不过在枯水季节这里只是一条深涧，只有到盛水季节才能见到那壮美的景象。

外二水。前一个弯段就是外二水，山谷间巨石叠垒，壁立千仞，石间有水，水中有石，水石相映生辉。

外三水。再往前走，南侧那块巨大岩石叫"锦屏岩"，岩石下方就是三水水库。水量充足的时候，库水从大坝向外溢泻，凌空跌落，就像挂了一幅珍珠壁帘，非常壮观。这道景观称"三水垂帘"，雨后观赏效果更好。前面那座山峰好像一位老和尚打坐，叫"定僧峰"。

外四水。为了保护北九水的水资源，现在四水湾段也拦起了一条大坝，并于2002年竣工，是青岛市政府2002年兴办的12件实事之一。路旁的那块巨石——"飞来石"，摞在底座上面，好像落着一只大鸟，似乎稍稍用力一推就会掉下来；遇到大风天它好像还在轻轻晃动，这可真是大自然的杰作。

外五水。外五水有一个高雅的名字，叫"玉笙涧"。"笙"，是一种民间吹奏乐器，下面有一个茶壶样的底座，上面插着一圈长短不齐的竹管，吹奏起来清脆柔和，悠扬动听。这里有一簇山石，正像玉笙上竖起的根根竹管，再加上这里的流水穿过大大小小的石缝，好像玉笙奏出的乐曲，非常动听，所以叫"玉笙奏曲"。传说还是元代道士丘处机给起的名字呢！

外六水。外六水朝前上方看，山峰就像一匹雄壮的骆驼，正在昂着头遥望着前方，这就是有名的"骆驼头"。尤其在流云飞渡的时候，那骆驼似乎"活"了起来，所以这个景点又叫"驼峰烟云"。

外七水。在外七水，要注意看西边的那座高20米的小山峰。山峰的顶部非常神奇地生长着一株柏树，好像一位上绾着发髻的神仙，所以称"仙人绾髻"，据说是按照八仙中何仙姑的发型绾起来的。路旁有座山丘，高约20米。此丘虽小，但名气大，被人们称为"小丹丘"。为什么称它为"小丹丘"呢，说法不尽相同。有种说法认为，这座不大的小山，从前上面长满了野杜鹃，即映山红，一到开花时节，山上红花绽放，漫山红遍，所以称"小丹丘"。另有一个说法是，因为从前有个道士在这里炼丹，吃了丹药以后竟然成了神仙，于是这座小山被冠名"小丹丘"。还有种说法是，因山石呈红色而冠名。

由于没有文字的记载，现在已无从考证。

外八水。这一河段称"马铃河"，眼前的山洞被称为"松涛洞"，洞畔绿树成荫，松涛阵阵，荡涧击谷，令人荡气回肠。

外九水。外九水右边那座山峰称"莲花峰"，因峰顶状如莲花而得名。山峰中部有一个不是很大的天然洞，这就是景区内有名的"仙姑洞"。当地人为什么称其为"仙姑洞"呢？据说当年何仙姑就在此洞修炼。

三、内九水

外九水自然风光优美，内九水更是风景的精华。如果说游历外九水是在欣赏一幅幅的山水画，那么进入内九水就确实是"人在画中游"了。

内九水泉多、潭多，吉水盛聚。内九水有 18 个水潭，水潭大小不一、深浅不等，是"道法自然"的老庄思想与山水灵秀相结合的产物，形成了独特的文化内涵，并构成了一道更加亮丽的风景线。我国著名画家范曾教授根据每一个泉潭的方位和形状、特点以及与周围环境的关系，为崂山内九水"九泉十八潭"逐一命名，并题写《崂泉铭》，充分体现了"天人合一""顺法自然"的道家思想，赋予了九水游览区浑厚的文化底蕴。

（一）内一水

在内一水有座桥，原为"滚水桥"，现架起一座新桥，"九水十八潭"就是从这里开始的。依山傍水建的那一片楼房，是北九水疗养院。这里环境优美，医疗条件先进，再加上良好的气候，是疗养健身的好地方。内一水有上善泉、至柔潭和太和观旧址等景点。

1.上善泉

"上善"取自《老子·第八章》："上善若水，水善利万物而不争，处众人之所恶，故几于道。"意思是说：天下最善者像水一样，它受益万物却从不与万物相争。老子认为，为社会谋利益而不争个人荣誉是一种高尚的美德，社会应该推崇这种美德。"上善"的意思，用现代语言来讲，就是大力提倡精神文明，营造团结、祥和的社会风尚。它启示我们：至善之人，心胸要像水一样深沉，交友要像水一样无私，说话要像水一样真诚，为政要像水一样利用自己的特长，行动要像水一样抓住时机。

2. 至柔潭

"至柔"取自《老子·第四十三章》："天下之至柔，驰骋天下至坚。"意思是说：柔能克刚。比如水，看起来似乎能随方就圆，或曲或直，但它能穿山透地冲垮无比坚硬的建筑物。这里的水平静得像镜子，绿得像翠玉，天光云影，倒映在水里，所以也叫"碧潭印影"。

3. 太和观旧址

太和观是明朝天顺年间（1457~1464年）建造的，规模不大，原来供奉玉皇大帝，现在是一家大众化饭店，只有正房还是原来的建筑。

（二）内二水

这里是内二水。请看右前方，在山峰的空隙里，有两个山头很像人物形状，一大一小，被人们称为"爷爷背孙子"。这个名字起得通俗又朴实。那位老者，慈眉善目，胡子撅着，笑眯眯的，天伦之乐溢于言表。内二水有抱一泉、居卑潭、未封潭和未始潭等景点。

1. 抱一泉

"抱一"出自《老子·第十章》："载营魄抱一，能无离乎？""载"是助语，"营魄"指魂魄，"抱一"是指二合一。"抱一"讲的是个人修养与治国安民的基本原则，即要把修身养性之理和治国安民之道贯通一气，强调在修身养性的同时，积极参与社会政治活动。

从中医上讲，"抱一"的意思是说：精神与肉体相抱为一，不相分离。这是老子阐述人体生命科学的一句话。人的身体不但承载着有形的肌体部分，而且还承载着许多无形的如"营""魂""魄"。如果能够使这些物质牢牢地与身体抱成一团，那么这个身体必定是一个健康完整的生命；如果不能抱成一团，形成分离，那么这个身体也就失去了完整的意义。道家内功修炼的基本课目就有"抱一、守一"，就是通过有序的训练防止"魂飞魄散"。

2. 居卑潭

"居卑"取自《老子·第六十六章》："江海所以能以百谷王者，以其善之下，故能为百谷王。"意思是说：江河大海所以能成就其大，是因为它们处于地势较低的地方，成为许多河流归往的地方，从而形成浩瀚无际的长江大河。"海纳百川，有容乃大。壁立千仞，无欲则刚。"它体现了老子朴素的辩证法思想，即圣人要有谦和不与人争的美德，才会赢得人们的拥戴。它启示我们，做人也要具有江海一样宽广的胸怀。

南面有座山峰，名叫"将军崮"，俗名叫"太师椅"。这是因为：从东边向西看，这座山峰挺像一把大椅子。1957年朱德同志在罗瑞卿大将陪同下，到这里游览。朱德同志端详来端详去，突然喊起来："哪里像什么椅子，分明是一位古代的将军嘛！"于是，它就有了一个新名字——"将军远眺"。至今，这位"古将军"仍巍然屹立，眼望前方，欢迎海内外客人的光临。

3. 未封潭

检票处对面有个水潭，称"未封潭"。"未封"取自《庄子内篇·齐物论》："夫道未始有封，言夫始有常。"意思是说：道，无处不在，随处可见，所以说不上它被哪一块地方封闭，停留在哪儿；但是，言论之事有彼此、有辩证，所以它的是非是不定的，言论是无常的、变化的。

4. 未始潭

"未始"取自《庄子内篇·齐物论》："有始也者，有未始有始也者，有未始有夫未始有始也者。"意思是：事情有开始的状态，有尚未开始的状态，如此循环。这是一种无穷因果关系的逻辑推断。

潭左面山坡上由巨石架起来的两个并列的天然石洞似石砌屋，因而被称为"双石屋"，旁边有一村取名"双石屋村"。据说五六百年以前，这里并没有人家。有两个农民，一个姓毕，一个姓乔，带着老婆孩子结伴从文登逃荒来到这里，便在这两个石洞里住了下来。后来他们开荒种地，又用石头垒起房子，代代相传，慢慢发展为这个山村。直到现在，村里还是毕、乔两大姓，仍旧沿用祖先留下的村名。

另外，这里还刻记著名文学家郁达夫的一首诗，赞美了柳树台、双石屋、蔚竹庵和潮音瀑这一带的景观。诗中写道："柳台石屋接澄潭，云雾深藏蔚竹庵。十里清溪千尺瀑，果然风景似江南。"这首诗高度概括了这一带优美的自然风光。

（三）内三水

内三水有大方泉、鹰窠洞、"金龟望月"、无隅潭和无极潭等景点。

1. 大方泉

"大方"语出《老子·第四十一章》："大方无隅"。"方"指人们可视的、有形的客观世界，与古代"字"的意思相同，泛指空间范围，在哲学上也指所到达的范畴。"大方"则指从宏观的角度来认识范围。"隅"是"边界、边沿"的意思。老子用"大方无隅"教导人们：知识的领域同样是无限的，人们无论拥有多少知识，也不要认为已经达到了知识的边缘。庄子用"知无涯"来阐述老子的这一观点。

2. 鹰窠洞

因为有一种被当地人称为"山鹰子"的鸟儿长年在此栖息而得名。石刻上刻的是清代名人高凤翰的诗："峭壁千寻立，鹰窠识旧名。石花披锦烂，雪窦射云明。古鹤盘松下，仙葩匝地生。何当荷长铲，岩下剧黄精。"高凤翰是清朝著名画家，青岛人，他能写能画，善于作诗，精通篆刻。晚年他辞官回故里，遍游崂山。

3. "金龟望月"

在内三水，可看到一座奇特的山峰，像一只大石龟，人称"金龟望月"。传说很久很久以前，山底下的水潭里有一只千年金龟，从未见过月亮，只听说天上的月亮很神奇，便决定爬到山顶上去看月亮。它爬呀爬，爬了三天三夜才爬到山顶，可是正赶上月末，月亮根本不出来。它就等呀等，等来等去，就变成了这只石龟，千年万载，一直趴在山头上等月亮，所以叫"金龟望月"。

4. 无隅潭

"无隅"是出自《老子·第四十一章》。老子说："大白若辱……大方无隅，大器晚成，大音希声，大象无形，道隐无名。"其哲学思想极其深刻。

5. 无极潭

"无极"取自《老子·第二十八章》中的"复归于无极"。老子的意思是说：以柔克刚，才能"复归于朴"，回到淳朴的状态。

（四）内四水

内四水有齐物泉、自取潭、俱化潭、中虚潭、斩云峰和凤凰峡、双水石和象石等景点。

1. 齐物泉

"齐物"取自《庄子内篇·齐物论》，意思是说：天下万物皆有长短，不必努力去辨别是非，只要一视同仁，把万物放在同等的地位，就是有道德的表现。庄子以博大的胸怀，阐述了人与自然的依赖关系，也阐述了事物对立统一的两方面相互作用的关系。他认为世间万物无所谓彼，无所谓此，都具有相似与平等的存在权利；对各种事物，不同的人有不同的理解，是与非都有着相对性，无论其属于宏观的还是微观的，都应该允许讨论。他还辩证地指出事物的消长规律："其分也，成也；其成也，毁也。"这就是说，某一事物的分崩离析意味着另一新事物的生成，某一事物的生成也意味着自身必然走向灭亡。有了"齐物"的平等心，就不会犯违背规律的错误。

2. 自取潭

"自取"语出《庄子内篇·齐物论》："夫吹万不同，而使其自己生，咸其自取，怒者其谁邪？"意思是说：风吹过来，吹到不同的孔穴会发出不同的声音：吹则响，不吹则止。不同的声音毕竟是从不同的孔穴发出的，这就取决于它们自己，万孔齐鸣，似乎怒号，就一定有一个主宰。那么，真君在哪儿？又是什么呢？其实哪有什么主宰、真君，主宰人类的只有人类自己。

3. 俱化潭

"俱化"取自《庄子外篇·山木》："与时俱化，而无肯专为。"意思是说，事物就是发展变化的，发展变化是有规律的。从现实意义上讲，就要求人们与时俱进，按照事物的发展规律办事，而不是违背规律。

4. 中虚潭

"中虚"出自《庄子内篇·养生主》："彼节者有间，而刀刃者无厚；以无厚入有间，恢恢乎游刃必有余地矣。""中虚"即"有间"，意思是说，牛的骨节间是有空隙的，而锋利的刀刃是没有厚度的，用没有厚度的刀刃来切有空隙的骨节，当然是宽宽绰绰、游刃有余的。这就是有名的"庖丁解牛"

的故事。

进入内四水，可看到对面山上有座小亭，因亭东西岩并峙如门，故叫作"石门亭"。

5. 斩云峰和凤凰峡

斩云峰像一把尖刀直插天空，千万年来不知斩断了多少从这儿飞过的云彩，因此这个景点叫"仙刀斩云"。斩云峰旁边的那个山谷称"凤凰峡"，远处的山峰叫"凤凰崮"。其实在这儿看并不太像，从蔚竹庵那边看就栩栩如生了。在此再回头看那个"金龟望月"，它一下子又变成了一只大公鸡，名字也变了，叫"金鸡报晓"。步移景异，大自然的神奇杰作为人们增添了丰富的想象乐趣，

6. 双水石和象石

双水石是一块巨石，因有两股不大的溪流从它的两边流下来而得名。本来这没有什么可稀奇的，可是一到大雨之后，急流奔涌，令人惊心动魄，叹为观止。它后面那块大石叫"象石"，活像一只大象低着头把鼻子插入水中，正在痛痛快快地喝着延年益寿的名泉和圣水。

（五）内五水

内五水有养生泉、有间潭、得鱼潭、飞凤崖等景点。

1. 养生泉

"养生"源于《庄子内篇·养生主》。在《养生主》中，庄子讲道："吾生也有涯，而知也无涯。以有涯随无涯，殆已。"意思是说，人的生命是有限度的，但知识和能力是无边无际的。要想以有限的生命去追寻无边无际的知识与能力，就应该永远根除满足的意识。庄子还提出"安时而处顺，哀乐不能入也"的观点，这也是很有道理的。如果一个人能够"不以物喜，不以己悲"，就能够处顺不变，处逆不移，得以长生久安。

2. 有间潭

"有间"也是取自《庄子内篇·养生主》，取意和"中虚潭"是一样的。

3. 得鱼潭

"得鱼"源自《庄子九篇·外物》："筌者所以在鱼，得鱼而忘筌；言者

所以在意,得意而忘形。"意思是说,设筌的目的在于捉鱼,得了鱼当然筌就无所谓了;说话的目的在于把意思表达清楚,意思既然表达清楚了,那么用什么语言就无所谓了。成语"得意忘形"虽源于此,意思却完全不一样了。

4. 飞凤崖

飞凤崖夹在两座突出的山峰中间,活像一只凤凰,正展开翅膀,凌空欲飞,这处景观被称为"丹凤展翅"。

说起这只展翅欲飞的"凤凰"来,还有个美丽动人的民间故事。古代的崂山属即墨县管辖,相传很早以前,有个姑娘模样俊俏,心灵手巧,绣花的手艺远近闻名。县官费尽心机想霸占她,可是派了3个媒婆都被撵了出来。于是,这个县官想出了一个毒计,限她三日之内绣出一件皇上穿的龙袍,上面要有"二龙戏珠",珠要会滚,龙要会飞。绣成了,他可以向朝廷进贡,升官发财;绣不成,就要派兵抢人。谁知道这位姑娘只用了两天就绣成了。县官把龙袍抖开一看,没想到两条金龙张牙舞爪扑了上来,一下就把他的胸膛抓开,掏出了他的黑心,驾着云彩飞走了。皇上听说这件事后,勃然大怒,派兵包围了姑娘的家。这时候,姑娘正在绣一只凤凰,还剩下一只翅膀上的3根羽毛没绣完,忽然听见门口人喊马叫,大吃一惊,绣花绷子掉到地上摔散了。转眼间,绣锦上的凤凰驮起姑娘就从窗口飞上了天空,因为有只翅膀没绣完,所以飞着飞着力气不够用了,只好在这儿落了下来,变成了这座"飞凤崖"。

(六) 内六水

内六水有坐忘泉、得意潭、无己潭、不滞潭、锦帆嶂、镜天潭、天印石、"马首是瞻"等景点。

1. 坐忘泉

"坐忘"语出《庄子内篇·大宗师》:"堕肢体,黜聪明,离形去知,同于大道,此谓坐忘。"文中讲子桑户死了,孔子派子贡前往协助办理丧事,发现子桑户最要好的两位朋友孟子与子琴张一个在鼓琴,一个在谱写词曲。子贡感觉不可理喻,就跑去问孔子。孔子认为,"这两个人属于游于方外之人,而自己则属于方内之人,内外不相及。人家临尸而歌,把人的生死置之度外,而我却叫你去吊唁。对照之下,我多么浅陋啊!"于是,他就与颜回讨论如何才能像人家那样。"坐忘"就是把一切看得平淡，轻松。颜回说："堕肢体，黜聪明，离形去知，同于大道，此谓坐忘。"庄子认为宇宙间最高明的老师是"道"，就是客观自然规律，在道的规律下发生的事情都应该看作是必然，也就无所谓高兴或者悲伤。任何人和事物在某一时间或空间表现出的现象，都是事物发展过程中的必然，不抬高，也不贬低，那才是真正的"坐忘"。

2. 得意潭

"得意"取自《庄子杂篇·外物》，同"得鱼潭"的解释一样的。

3. 无己潭

"无己"语出《庄子内篇·逍遥游》："至人无己，神人无功，圣人无名。"这几句话的意思是：完美的人忘我，神圣的人忘功，圣洁的人忘名。

4. 不滞潭

"不滞"语出《庄子》："淖约柔乎刚强，廉刿雕琢，其热焦火，其寒凝冰，其疾俯仰之间而再抚四海之外，其居也，渊而静；其动也，县而天。"意思是说，大道善辩，静则深伏，动则高腾，不会凝滞不动，拘泥不变，而是与时俱进的。

5. 锦帆嶂

锦帆嶂是一个巨大的峭壁，像船上高高挂起的一面风帆，故得名。向前走不远，这块突出的大岩石又有点与众不同了，两边的石头全是竖纹，它却是横纹，一层层叠在一起，所以称"千层岩"。远古时代，这里是一片汪洋大海，后来地壳发生了剧烈变动才形成了这样一座雄伟秀丽的仙山。这是地壳运动的典型产物。

6. 镜天潭

离锦帆嶂不远有块不大的石壁，叫"镜天石"。下面的水潭叫"镜天潭"。潭水清澈见底，晶莹剔透，绿得像翡翠。传说当年这里是何仙姑洗浴的地方。还传说有许多仙女到这里洗浴，梳洗打扮，干脆把潭水当镜子，所以称"镜天潭"。有一次，有一位仙女把一只翡翠玉镯掉到石头上，跌得粉碎，碎片散落在潭水里，使得潭水特别绿，绿得耀眼，绿得透明，绿得让人心醉。

7.天印石

继续前行，那高高竖起在半山腰上的石头称"天印石"。据说是当年玉皇大帝大驾光临北九水时，贪看水光山色，竟把随身携带的天宫玉印丢在这里了。这也从另一方面见证了北九水之美，连见多识广的玉皇大帝也被迷住了。

8."马首是瞻"

再回过头看，玉皇大帝的玉印又变成了一只栩栩如生的马头！

这处景观称"马首是瞻"。传说当年薛仁贵东征，率领大军经过崂山，因为贪看美景走迷了路，非常着急，只好骑着马爬上了山头，向远处瞭望，才找到了出山的道路。三军将士高兴地齐声大喊："唯薛将军马首是瞻！"呐喊声山鸣谷应。那匹战马也因得意忘形，竟变成了马石。

（七）内七水

内七水有逍遥泉、餐霞潭、一步三回头、大龙门、二龙门、月城和卧鱼峰、鱼鳞峡、饮露潭等景点。

1.逍遥泉

逍遥语出《庄子内篇·逍遥游》，意思是，修道之途，要精神潇洒，超脱于世俗之外，任天而飞。从字面上讲，是指精神的漫游和徜徉。他的哲学思想是幻想着，让绝对自由的个人精神与无始无终、无所不能的大道融为一体，从而达到精神的绝对逍遥。庄子运用古代寓言中比拟的手法，说明人类自身的学识、胸怀、经历有很大的区别，学识和胸怀越广阔，游弋的范围和空间就越大，职务越高，才能与德越高，则为社会所造福的面就越大；反之，则越小或者越狭窄。逍遥之意告诉人们，天地与学识并没有客观地限制人们追求和活动的空间，可以说这个空间是无限广阔的，只要你不懈努力，充实自己，自己掌握的学识与本领就越大，你活动的空间就越广阔。

2.餐霞潭

餐霞取自李白的《寄王屋山人孟大融》："我昔东海上，劳山餐紫霞。亲见安期公，食枣大如瓜。"

3. 一步三回头

一步三回头的景点实际是一座又高又陡的大石壁，简直像要倒下来一样。1957年，朱德总司令和罗瑞卿部长经过这里的时候，赞叹说，好像要压下来喽。走出十几步以后，还不断回头仰望这座好像被斧子劈过的峭壁，并起了个有趣的名字，叫"一步三回头"，因人从崖下过，整个悬崖仿佛摇摇欲坠一般，令人提心吊胆，快步疾走，一旦走过之后，久久难忘，频频回首流连再三。这里刻有"连云崖"三个大字，是这座峭壁的原名，远远望去，这个峭壁好似真的插天连云。

4. 大龙门、二龙门

大龙门是内七水沿岸两边突出的岩石断崖形成的一座门，往前走几步，一拐弯，叫二龙门，南边那条峡谷叫冷翠峡，也叫冷翠谷，峡谷向南延伸得很远。多雨的季节，水从峡谷里流出来，因这里又是风口，山水奔腾，被风吹成水雾，也叫清风洒翠。

5. 月城和卧鱼峰

有人说，因为这里四周山高，抬头看天，只剩下个圆圈，像个月亮，所以称月城。真正的解释是，这个大石崮称为弓山，这个水潭名月池，两个龙门中间像一座城，当年著名道士张三丰走到这里赞叹说，山如弓，水如月，二龙守城不可越，所以后人就称其为月城了。

回头远望，那座山峰像一条大鱼，鱼头、鱼尾高高翘起，名为卧鱼峰，据说那是西边深山的一个大水潭里的鲤鱼精。俗话说，鲤鱼跃龙门，跳过龙门之后就成龙，那鲤鱼精也想跳过龙门变成神龙，可惜跳起来之后跌了下来，只好卧在那里永远供人欣赏。

6. 鱼鳞峡

鱼鳞峡得名于石壁层层像鱼鳞，也有人说因为河谷里的卵石依次排列像鱼鳞，也有人说流水因受到卵石阻碍，流出鱼鳞般的水纹。不远处的潮音瀑也称鱼鳞瀑。

7. 饮露潭

饮露取自《庄子内篇·逍遥游》中的藐姑射之山。有神人居焉，肌肤若冰雪，绰约若处子，不食五谷，吸风饮露。意思是说，神仙中人，不吃五谷杂粮，光呼吸清风、饮用露水就行了。

（八）内八水

内八水有安期泉、金华谷、迎客僧和宰相石、清心潭等景点。

1. 安期泉

《史记·封禅书》记载，安期生仙者，通蓬莱中，合则见人，不合则隐。传说，安期公寓居海岛时，以巨大的海藻为食，以海中的长鲸为骑，颇为逍遥。后来的方士道家多称其为神仙，而随着李白的诗"我昔东海上，劳山餐紫霞。亲见安期公，食枣大如瓜"的流传，安期公的知名度也大大地提高了。

2. 金华谷

每到深秋，树叶被霜一打，黄的金黄、红的火红，真是"山间老树张金伞，霜叶红于二月花，不是春光胜似春光"。因为谷深天小好似把天给圈了起来，所以这一景观被称为金谷圈天，也有人称丹壁圈天。

3. 迎客僧和宰相石

迎客僧实际是一个石柱，呈半身人形，被称为官儿石。因为这位官儿，脑袋光溜溜的像个和尚师傅，所以又有人称他为迎客僧。

远处的山峰叫天柱峰，也有人称他为宰相石，后面不远处是麒麟峰。

4. 清心潭

清心，语出庄子内篇《德充符》。仲尼曰："人莫鉴于流水，而鉴于止水，唯止能止众止。"庄子杂篇《庚桑楚说》："彻志之勃，解心之谬，去德之累，达道之塞。"意思是说：大家常说的清心寡欲不是容易做到的，只有能彻底寡欲，了却一切念想，远离颠倒的梦想，心念才能得以澄清，达到心无挂碍的状态。从现实而言，面对物欲横流的社会，切勿私欲膨胀，要保持清醒的头脑，心如止水，只追求奋发向上的精神状态。

（九）内九水

内九水有许由泉、洗耳潭、潮音瀑等景点。

1. 许由泉

"许由"语出《庄子杂篇·让王》："尧以天下让许由，许由不受。"《庄子杂篇·盗跖》说："善卷许由得帝而不受，非虚辞让也，不以事害己。"这里提到的许由，传说尧曾经让位给他，他不接受，就躲到箕山，自己耕种，自食其力。

2. 洗耳潭

"洗耳"语出《高士传·许由》："尧欲召我喂九州长，恶闻其声，是故洗耳。"是说许由归隐之后不久，尧又来请他出山做九州长官。他听后，不但不同意，还转身到颍水边去清洗自己的耳朵，表示别说出山做官，就是连做官这样的庸俗话语也不愿听到，一听耳朵也是要脏的，所以要洗耳朵。

3. 潮音瀑

潮音瀑的左边岩壁上"潮音瀑"三个字是叶恭绰的手书，叶恭绰是20世纪30年代南京国民政府的水利部部长。右边石壁上"空潭泻春"四个字是邵元冲的手迹，邵元冲是国民党元老。潮音瀑瀑水凌空而下，一波三折，瀑水飞泻的声音犹如澎湃的潮水，所以被誉为"岩瀑潮音"。枯水季节，瀑布显得温和优美；盛水季节，它奔腾澎湃，气势豪迈，声音好像滚滚的怒潮。它的源头是崂顶——巨峰北侧的天乙泉。瀑布下面的水潭，清澈见底，碧蓝如靛，称"靛缸湾"。瀑布的第二折，瀑水冲进一个山洞，再翻涌出来注入靛缸湾。这个石洞到底有多深？传说没有底。据说从前有一位看护山林的老人，一直想探探石洞的深度，便在山上用镰刀割了很多藤条，光搬就搬了3天。他把藤条一根根接起来，拴上石头投进洞里，结果藤条全用完了也没探到底。谁知两天之后，藤条竟从十几里外的东海边露了出来。

西边石壁上刻有高凤翰的诗："涧水从天下，奔流万派喧。跳珠凌水来，飞雪溅云根。寒欲生毛发，清真洗梦魂。时逢采药者，或恐是桃源。"东边石壁上刻有黄苗子的诗："游踪不到鱼鳞峡，不识峪山风景奇。三面苍崖萦碧树，千重涧水汇清溪。我初目眩疑迷幻，泉作琴音引梦思。觅句艰难终未惬，故应写出无声诗。"上面是座小巧玲珑的"观瀑亭"。站在那儿欣赏这幅大自然的画卷，体会着名人的诗篇，令人赏心悦目。

四、蔚竹庵

蔚竹庵掩映在翠竹翁郁、古树参天的清净世界中，周围流水淙淙，幽静雅致，在崂山十二胜景中，称作"蔚竹鸣泉"。

据有关资料显示，宋代时，蔚竹庵附近就是一片茂密的森林，风景十分优雅。这里原来住有几户看护林地的百姓，刚来时搭起几间窝棚居住，谁知到了晚上，竟有好多野兔钻进窝棚里。在古汉语中，兔子又称为蔚儿，于是就将这里称为蔚儿铺。

蔚竹庵建于明万历十七年，当时全真道华山派道士宋崇儒来到这里，见这里层峦叠嶂，涧水鸣琴，清静幽雅，实为道家清修之胜景，便不畏艰险，建道庵于此。整个道庵占地面积2.6亩，建筑面积为150余平方米，分前后两进殿院，有正殿三间，道舍十余间，因周围翠竹环绕，林木蔚然，故取名蔚竹庵。

建庵之初，其被称为三元殿，正殿供奉真武大帝、观音大士和三官神像。据说真武大帝和观音大士的神像是用檀木精雕而成的，非常精致，为崂山诸道场中木雕神像之首。三关神像为铜铸，也很有特色。殿壁曾有古诗：峭开青石壁，嶙峋不记年。叩门惊宿鸟，隔涧听流泉。树老含秋色，峰高入暮烟。蓬君栖隐处，遥望白云间。诗句把这座世外桃源刻画得淋漓尽致。

20世纪初，蔚竹庵出了一位德高望重的道长唐宗昱，曾使蔚竹庵成为当时胶澳一代的旅游热点。1930年，唐道长到西安八仙庵主持法事，曾协助杨虎城将军积极宣传抗日，为抗战活动做出了贡献，这也是一段佳话。

现在的蔚竹庵是崂山风景区管委会按照原来的模样修建的，院内种植的白丁香、赤松、山茶等名贵山木，为道庵增添了不少高雅秀丽的气质。

北九水风景游览区群峰环绕，山清水秀，水美如画，游后会令人产生"南有九寨沟，东有北九水"之感。

◆知识拓展

山水文化

山水对中国文化影响至深。山水是中国古代文人生活的一部分，寄情山水，隐逸江湖，是中国文人的一大梦想，也是中国文化的两大主线之一：庙堂之上的朝廷正统文化和江湖之上的山水文化！游山玩水，是古人的一种生活内容，对于中国文化来说，它不仅是古代文人的一种生活和休闲方式，同时也是文人修身养性、体验天人合一的生命形态的一个好地方，更是他们生活态度和精神追求的一种象征。

山水文化的发展极大地丰富了中国文化，也丰富了中国文人的生活。孔子《论语·雍也》曰："知者乐水，仁者乐山；知者动，仁者静；知者乐，仁者寿。"古人将人的品格、气质、胸怀、志趣同自然界的山水联系起来，将个人的审美情趣与道德修养置身于大自然之中，让山水人格化，以人格化的山水来自喻人的节操、格调和品位。在畅游山水的过程中，追求人与自然的和谐交融，把自己融入自然环境中。

技能训练

根据北九水景区的旅游线路图，你作为导游员会将外九水与内九水的重要景点怎样推介给游客们呢？

Module 3

拓展模块

项目六　岛城研学初探

◆ 项目导读

　　竺可桢说过，"旅行是最好的教育"。近年来，一种新型的旅游种类——研学旅行正兴起，继承和发展了中国"读万卷书，行万里路"的传统教育理念和人文精神，以提升学生的自理能力、创新意识和实践能力为目标，成为素质教育的新内容、新方法。研学旅行现已被列入义务教育和普通高中必修课，学校普及率迅速提升，发展潜力巨大。本模块围绕工业旅游、乡村旅游、专项旅游三个任务开展教学活动，让学生能够掌握青岛研学旅行各模块的概况、特色，为未来成为研学导师打下基础。

◆ 项目建议

　　1.在日常教学活动中，借助学校功能实训教室，创设景区实践教学场景，进行室内虚拟仿真模拟导游实训。

　　2.邀请优秀导游员进行实地示范导游，学生观摩学习，感受名导风采。

　　3.组织学生进行市内景区志愿导游，教师现场指导，提升导游讲解能力。

◆ 学习目标

　　1.掌握青岛工业旅游发展现状及代表景区。

　　2.掌握青岛乡村旅游发展现状及可开发资源。

　　3.掌握青岛海洋旅游发展现状及可开发项目。

　　4.掌握青岛博物馆的发展现状及代表景区。

　　5.能在实践中灵活应用、模拟导游。

任务 16　工业旅游

◆▶任务描述

说起青岛，很多工业品牌可谓经典。青岛啤酒、华东葡萄酒庄、即墨老酒 "三瓶酒" 享誉全球，纺织业 "上青天" 时代留下的宝贵财富 "青岛纺织博物馆" 是一代纺织人的记忆，青岛港、烟草博物馆、海尔工业园记录着这个城市的世纪风云……名牌工业企业的知名度和美誉度衍生出了青岛发展工业旅游的优良基因，使得工业旅游具有得天独厚的竞争力。作为拥有众多工业品牌与资源的城市，工业旅游正成为青岛一张鲜活亮丽的新名片。

某学校打算组织一次工业研学旅行，让学生认识到我国当代产业发展现状，了解科学技术在生产实际中的应用。来自青岛旅游学校导游专业的学生承担着本次研学旅行的导师任务，此次研学主题为工业探秘，他们需要做好哪些知识准备才能让同学们不虚此行呢?

请带着这个任务继续学习。

◆▶任务分析

2016 年发布的《全国工业旅游发展纲要（2016–2025 年）（征求意见稿）》中提到，将在全国创建 1000 个国家工业旅游示范点，100 个工业旅游基地，10 个工业旅游城市。根据《山东省工业旅游发展规划 (2018–2025)》，今后几年，山东省将从解决发展瓶颈入手，有计划地推进工业旅游发展，系统构建 "葡萄美酒、未来家电、激情鲁啤、养生阿胶、齐鲁霓裳、鲁酒金樽、味美山东、大国重器、现代海洋、云天翱翔、百年记忆、齐鲁工匠" 等十二大工业旅游品牌。

早在 1998 年，青岛市就出台《工业旅游示范点试行标准》;2004 年，全国工农业旅游示范点验收工作会议在青岛召开，在原国家旅游局公布的首批工业旅游示范点名单中，山东省共 6 处，而青岛市就占了 4 处;2016 年 11 月，由原国家旅游局主办的全国工业旅游创新大会在青岛举办；2018年10月，青岛在第二届中国工业旅游产业发展联合大会发布的"工业旅游城市综合竞争力指数排行榜"中位列第二。20多年来，青岛工业旅游蓬勃发展，实现了从"名牌企业"到"旅游名片"、从"工业+旅游"到"工业旅游+"带动全域旅游发展的历史跨越。截至2020年4月，青岛市共有国家级工业旅游示范点9处、省级工业旅游示范点29处。

一、青岛啤酒博物馆

有人说，青岛有两种泡沫让人陶醉，一是大海的泡沫，一是啤酒的泡沫，这头海浪翻滚，那头啤酒泡沫浓香。一个啤酒品牌，几间原址厂房，凝聚着青岛的百年沧桑历史。在这里，触摸着古旧的文物，闻着糖化车间里麦芽的芳香，聆听啤酒与这座城市的往事。如今，工业旅游的兴起，让冰冷枯燥的厂房车间焕发了新的生机。通过参观生产车间和产品，了解工业生产流程和企业文化，也通过游览工业基地遗址，寻找特定年代的工业记忆。在这座啤酒博物馆里，好故事酝酿成岁月的醇香，积淀出厚重的味道，而啤酒却永远新鲜。

青岛啤酒博物馆位于青岛市登州路56号的青岛啤酒厂内，于2003年8月15日庆祝青岛啤酒百年华诞时落成开放。其展出面积6000余平方米，展馆利用百年德国建筑、设备，将百年青岛啤酒发展历程、百年青岛啤酒酿造工艺与现代化生产作业区相连，投资近4000万元；该啤酒博物馆聘请欧洲著名设计师设计，融合了东西方文化，突出历史性、专业性，是世界一流、国内唯一的啤酒博物馆，是国家级重点文物保护单位、国家4A级旅游景点、全国首家工业旅游示范点、山东省旅游细微化服务先进单位。

青岛啤酒博物馆共分为百年历史和文化、生产工艺区、多功能区三个参观游览区域。

其核心区域中第一区域为历史文化区域。通过图文资料，了解啤酒起源、青啤的悠久历史、荣誉、青岛国际啤酒节、国内外重要人物来青啤参观访问的情况。在这里展出了许多从欧洲和全国收集来的文物、图片、资料以及青岛啤酒各个阶段的实物。一些祖辈曾在青啤工作过的德国、日本友人专门捐献的文物史料，使得这一展区更加引人入胜。

第二区域为生产工艺流程区域，包括老建筑物、老设备及车间环境与生产场景，在生产流程中每一个代表性部位放置的放像设备，可形象地介绍青岛啤酒的生产流程及历史沿革。为重现历史原貌，博物馆在老糖化车间的老发酵池，设置了工人生产劳动的雕塑模型，同时复制了老实验室场景和工人翻麦芽场景。

第三区域为多功能区域。一楼是能容纳100多名游客的品酒区和购物中心，游客在此可以尽情地品尝多种不同品质的新鲜青岛啤酒，购买各种纪念品。青岛啤酒博物馆不仅是博物馆，还是青岛啤酒文化创意衍生品的研发、推广及销售基地。在2017~2018年，青啤博物馆先后研发上市50余款文化创意新品，覆盖啤酒、食品、服饰、日用品、玩偶等十余种类。二楼有综合娱乐设施，前卫的设计理念和高科技手段，使知识性和娱乐性有机结合，可让游客在娱乐中了解啤酒酿造的复杂过程。同时，全馆多处设置的触摸式自动电子显示屏，可以让游客随时查询自己感兴趣的文献资料。

啤酒从最初仅仅是为了满足人们的口腹之欲，发展到现在酿造啤酒、饮用啤酒的现代化、科学化，已经成为一种独特的啤酒文化现象。青岛啤酒与青岛发展的历史不可分割，啤酒博物馆正是啤酒文化极其形象的反映。青岛啤酒是伴随着青岛的发展而发展的，青岛啤酒博物馆不仅仅是青岛啤酒业的立体画卷，更是以一种特殊的具体的语言实物，生动地向人们描绘青岛的历史和现状，参观青岛啤酒博物馆犹如翻阅一部形象生动的青岛历史教科书，了解了青岛啤酒的历史，也就从一个侧面了解了青岛的发展史。历史、文化、创新构成了青岛啤酒博物馆品牌的"三原色"，并在时间的累积下不断融合，塑造出多样的品牌底色。

二、海尔工业园

海尔工业园位于青岛市海尔路1号，是海尔集团全球总部所在地。海尔工业园以海尔文化展、创新生活展两大展馆为依托，集历史、文化及高科技于一体，以展示企业发展历程、人类社会生活为主题，让参观者体味到海尔浓厚的"创业、创新"的两创文化氛围，是一处独特的文化科技交互体验场馆。

海尔工业园更因其是典型的中国改革开放 40 年来经济社会及企业发展的缩影和代表，在这里凝聚了以张瑞敏首席执行官为代表的中国企业家的创业故事和报国情怀，而成为山东省爱国主义教育基地。

海尔集团于 1999 年推出了工业旅游项目，依托海尔品牌资源专门成立了海尔国际旅行社，投资 1 亿元兴建了海尔科技馆，在园区、车间内规划了专门的参观路线，配备了专门的讲解员，培养了一支优秀的导游讲解队伍。目前，海尔公司已形成 10 余处参观点，包括海尔文化广场、海尔中心大楼样品室、海尔科技馆、海尔大学、信息园海尔立体库、海尔彩电生产线、海尔时空飞碟、海尔特种冰箱生产线、海尔开发区物流中心、海尔商用空调生产线景点等。海尔的工业旅游已形成了以集团样品室为龙头、生产线为依托、科技馆为重点的旅游产品链条。此外，开发区工业园、海尔现代物流、特种冰箱公司、商用空调公司等也已开辟为工业旅游参观点。2016 年，海尔集团入选首批国家工业旅游创新单位。

海尔科技馆坐落于青岛市高科园东部，南依石老人国家旅游度假区，西临青岛国际啤酒城，与市文化博览中心毗邻，建筑面积 10000 平方米。海尔科技馆 1999 年正式开放，是海尔为感谢广大用户的大力支持和厚爱而建造的公益性场所，2000 年被评为青少年科普教育基地，2002 年被国家旅游局评为 AAA 景点。

海尔科技馆中心大楼的样品室集中展示了海尔集团历年来获得的荣誉和最具代表性的家电产品，体现出浓厚的海尔文化氛围及海尔不断进取、不断创新的精神。海尔集团从单一的亚洲四星级电冰箱的诞生，到今天通过研究创新开拓生产出 96 大门类 15100 多个品种的代表性产品，从中体现了海尔人的信息传递以及创新精神和以客户的满意最大化为基准的生产原则。

1999 年 12 月 26 日，海尔集团正式开始启用位于信息产业园的立体仓库，此库是专门将在全球采购的优质零部件运输到这里，由这里进行工业园区生产线上零部件的配送，在现场可以看到大规模的现场运作情况，了解生产的相关情景。通过近距离地观看生产工艺流程，大大加深对工业产品的认识，了解了相关知识，开阔了视野。

海尔世界家电博物馆是由海尔集团倾力打造的国内首家家电类沉浸式博物馆，2019 年 4 月对外开放，坐落于青岛市崂山区东海东路 52 号，总建筑面积 3.55 万平方米。其建筑又名"冰山之角"，曾在 2018 年 6 月作为上合组织青岛峰会新闻中心。海尔世界家电博物馆运用声、光、电科技，以展示家电发展历程为脉络，打破传统博物馆固有的参观模式，集陈列展示、科普教育、剧场演出等于一身，通过沉浸式交互体验让观众回望过去、预见未来。海尔世界家电博物馆对外开放，分为三层，一层包含家电史序厅、家电发展史、智慧家庭 & 品牌展厅、GE&JA 西餐厅、卡萨帝 &JA 料理艺术学院、咖啡吧以及文创产品商店等。二层主要为儿童科普体验互动区、国际会议中心（冰山之角大剧院）以及创客空间。B1 层为冰山之角小剧场及团膳餐厅，是目前世界范围极少在博物馆内同时拥有米其林星厨、世界原版儿童剧演出的博物馆。海尔世界家电博物馆以世界家电体验为主题，是复古与科技结合的沉浸式博物馆，包含百年老家电的 AR 时空穿越、海尔智慧家庭的便捷交互、定制化餐食的米其林星厨工作室、科技范儿与艺术范儿共存的文创产品、寓教于乐的游戏式互动儿童等多个场景。

三、纺织谷

后工业时代、信息化时代给人们的社会生活带来许多改变，一些老工业基地和工厂逐渐萧条黯淡，产能过剩、环境污染等问题催促着老厂房加快转型发展的步伐。然而，人们对古老的工业技术和特定历史岁月的记忆却没有消逝。

时光回溯到 1902 年，青岛第一家现代机器纺织工厂——"德华缫丝厂"在沧口诞生，这个地处胶澳之地、黄海之滨的年轻城市从此与纺织业结下不解之缘。百年风雨历程，纺织业吸纳大量就业人口，推动了城市化进程，哺育了全市的工商业，被亲切地誉为这座城市的"母亲工业"。中华人民共和国成立后，青岛纺织工业是中国纺织行业的主力军，也堪称青岛城市进步的助推器。当时青岛纺织业英雄辈出，涌现了郝建秀等众多劳动模范，青岛纺织工业成为中国工业战线的一面光辉旗帜，当时青岛纺织工业的规模和影响在国内名列前茅，与上海、天津齐名，人们惯称为"上青天"。

20 世纪 80 年代末，随着计划经济向市场经济的过渡，人员成本高、负担重、装备差、债务多，使青岛纺织陷入困境，青岛纺织亟待转型。进入 21 世纪后，青岛纺织企业抓住改革调整重组的发展机遇，以科技创新为推动，以品牌质量争市场，加快改革步伐，调整品种结构，实现生产经营的稳步发展。

随着改革调整、科技创新，传统的纺织厂转型升级，实现了传统行业的时尚嬗变，选址于原国棉五厂的纺织谷就是其中的典型代表。2014 年 12 月 4 日，位于青岛市市北区四流南路 80 号的纺织谷正式开园，承载着青岛百年纺织文脉，面对新常态下的新要求，纺织谷应运而生，在老厂房中迸发出新的激情。新老建筑的错落有致布局，彰显着浓郁的历史底蕴和传承脉络，是目前青岛市区内为数不多的具有历史时代感的园区。

青岛纺织博物馆始建于 2009 年，2017 年移地再建。新馆位于四流南路 80 号"纺织谷"园区，占地面积 17 万平方米，历史悠久，工业遗存众多，是国内最具特色的纺织博物馆之一。该场馆委托国内顶级团队设计，以展示工业遗存为切入点，以历史和科技两大主体展馆为核心，以现有工业遗存为展示亮点，采用雕塑、铜像、壁画、亭台长廊、花卉造型等手法，内外结合、穿插展示，形成"九馆十八景"的布局。其内设历史、纤维科技、消防、蒸汽、空调、布艺工坊等 9 个专题馆，从不同侧面展示纺织文化；室外串接水塔、老井、制冷站、铁路专线桥等多处工业遗址，完整展现纺织工业生产体系。

青岛纺织博物馆"纤维科技馆"面向青少年开发了"手工扎染、针织帽子、鲁班木艺、活字印刷"等 50 余项手工活动。手工扎染是青岛纺织博物馆面向青少年的特色品牌研学项目。扎染是中国民间传统而独特的染色工艺，其工艺从扎结到染色都极富创造性。扎染作品色彩艳丽，图案变化多样，容易使小朋友产生兴趣，让孩子们感受扎染的图案美、色彩美，提高孩子们的动手能力。其活动由扎染老师讲述、指导扎染步骤，从绑皮筋开始，尝试用捆扎、簇扎、板夹的扎染方法，从传统颜色（靛蓝）的扎染，再到彩色浇注扎染，花纹越来越丰富。

四、华东·百利庄园

在青岛景色秀丽的崂山九龙坡，绿色的葡萄藤掩映着一座白色别墅式建筑群，宛如一座欧洲庄园，正是这依山傍海的自然环境形成了华东独有的酿酒葡萄黄金生长带。而创建于 1985 年的华东·百利酒庄就是严格按照欧洲葡萄酒庄园模式建造的欧式葡萄酒酒庄，也是按国际酒庄标准生产高级葡萄酒的企业，被誉为中国的"鹰冠庄园"。

华东·百利酒庄是由英国人百利先生在中国青岛建造的。1982 年，34 岁的百利先生踏上了中国这块沉睡太久的土地，跑遍了中国的大江南北，最后，他认定了地理位置、气候条件、地质构造都酷似以酿造葡萄酒扬名世界的法国波尔多地区的崂山腹地九龙坡。于是，在 1985 年，他投资 40 万美元，以占 40% 的股份，合资成立青岛华东葡萄酿酒有限公司。随即，他从法国引种薏丝琳、莎当妮等 13 个品种，共 4.2 万株葡萄，分别栽种在九龙坡和平度大泽山的葡萄基地。1986 年年底，该企业成功酿制出第一瓶葡萄酒。华东·百利酒庄生产的"薏丝琳""莎当妮"干白，在法国波尔多国际葡萄酒博览会及比利时布鲁塞尔等世界葡萄酒精英大赛中屡获殊荣，被载入《世界葡萄酒百科全书》。

历经 35 年的不懈努力，华东·百利酒庄已打造出 5 平方千米的九龙坡微生态圈，形成了葡萄园自然小气候，成就了一个特有的中国崂山标本生态葡园。华东庄园的葡萄品种园里共栽培着莎当妮、薏丝琳、赤霞珠、蛇龙珠等多种葡萄品种，有 30 年以上的黄金树龄以及葡萄植株深达 3 米以上的葡萄根系，葡萄品种高度纯化，并在大泽山、蓬莱、澳大利亚、加拿大等地建立了数万亩葡萄基地。"华东单干双臂"栽培模式，加上青岛地区得天独厚的自然条件，保证了"华东"产品与众不同的高品位。如今，酒庄内绿色葡萄藤纵横交错，各式风格雕塑掩映其中，刻有历代文人墨客励志诗词的 2000 余米的葡萄酒文化长廊蔓延在九龙坡上，形成了一幅宛如欧洲古老葡萄酒庄的画卷。

2004 年华东·百利酒庄荣膺首批国家级工业旅游示范点，2010 年又荣膺国家 AAAA 级旅游景区。2017 年 9 月 8 日，时光隧道博物馆在华东·百利酒庄内正式开馆，地下酒窖、产品流水线也逐一对游客开放。在旅游业大发展的浪潮下，华东·百利酒庄已逐步发展成为集旅游观光、商务接待、餐饮宴请、婚庆摄影、个性化定制五大功能于一体的葡萄与葡萄酒知识、文化与体验中心。通过欧式酒庄的深度体验，推广葡萄酒文化，普及葡萄酒知识，打造葡萄酒产业生态圈，引领时尚、品味、健康的生活方式，提升华东葡萄酒的个性化和酒庄的多功能深度体验。

◆▶知识拓展

青岛市国家级工业旅游示范点：海尔工业园、青岛啤酒厂、青岛港、华东葡萄酒庄园、海信集团、可口可乐饮料有限公司、青岛市贝雕工艺品厂、青岛保税区、市北区青岛纺织谷。

📢 技能训练

完成技能训练，进行小组模拟导游。

任务 17 乡村旅游

◆▶任务描述

乡村旅游作为一种新型旅游业态，一方面可以利用乡村生态景观、民俗文化、古迹遗存等资源开展农产品采摘、科普教育等多种旅游产品，另一方面，能够推动农村产业重心转移，促进农村居民物质生活与精神生活的整体提升，是国家乡村振兴战略的重要抓手。

春暖花开、草长莺飞之际，某学校打算组织一次乡村研学旅行，走出校门，走进乡村，引导中小学生增长知识、开阔眼界，激发学生了解家乡、热爱家乡的情感。来自青岛旅游学校导游专业的学生承担着本次研学旅行的导师任务，此次研学主题为"我的家乡美"，他们需要做好哪些知识准备，才能让同学们不虚此行呢？

请带着这个任务继续学习。

◆ 任务分析

一、乡村旅游定义

乡村旅游是指通过以乡村为依托，以乡村空间环境为活动场所，以农业生产过程、农村风貌及风俗、农民生活场景等为主要旅游吸引物，来满足旅游者观光、休闲、娱乐、求知、体验等目的的一种旅游方式。

二、青岛乡村旅游发展现状

截至 2018 年年底，青岛市累计培育国家级、省级、市级乡村旅游品牌单位 630 余家，形成渔家风情、山林山岳、滨河生态、温泉养生、田园农耕、历史民俗等六大旅游产品体系，培育了"山海人家""山里人家""茶乡人家""惜福人家""胶东渔家"等众多乡村旅游品牌。突出崂山乡村旅游集群、城阳及红岛经济区乡村旅游集群、黄岛乡村旅游集群、即墨乡村旅游集群、胶州乡村旅游集群、莱西乡村旅游集群、平度乡村旅游集群等七大乡村旅游集群的地域特色，实施主题差异化发展；依据乡村旅游资源集聚程度及资源特色，规划形成 36 个乡村旅游产品圈，实施连片规模化开发策略，形成集聚效应。结合乡村旅游精准扶贫，2018 年新评定乡村旅游特色村 14 个、特色点 20 个、合作社 3 个，带动 56 个重点旅游扶贫村、2 万余人脱贫。

六大乡村旅游产品体系的具体内容如下：

（一）渔家风情旅游产品

依托海滨及淡水自然风光、渔村风貌及具有特色的渔业生产环境等渔家民俗风情，利用海滨、海岛、湖泊、河流及海滩、礁石、湿地、码头等资源条件，打造水域景观与渔村风情，以渔文化与鱼文化为核心，综合开发捕鱼、钓鱼、赏鱼、养鱼、赶海及渔家餐饮、渔家休闲度假等体验性旅游活动。

（二）山林山岳旅游产品

以山林保护性开发利用为核心，积极发展森林旅游，突出景观特色与文化内涵，发展山林休闲观光、登山健身、山地游憩娱乐及农家山味餐饮、休闲度假、文化旅游等旅游产品。

（三）滨河生态旅游产品

依托河流、水库、湖泊、湿地等淡水资源及其优良的自然生态环境，完善道路交通、餐饮食宿等配套功能，综合开发河滨休闲度假、生态休闲观光、水上游憩娱乐等旅游活动。

（四）温泉养生旅游产品

依托即墨温泉独特的海水溴盐温泉资源，依托中高端大型温泉养生度假项目，突出生态、休闲、文化、景观特点，开发以民俗建筑与乡土风情为特色的大众化温泉养生旅游产品，综合发展休闲洗浴、康疗健身、特色医疗、疗养康复及老年人休闲养生度假等系列活动，丰富温泉设施与理疗服务的档次与内涵，系统解决温泉开发过程中存在的资源保护不力、模仿与复制严重、规范化服务缺失等一系列问题。

（五）田园农耕旅游产品

利用田园、果园、特色种植区、高新农业基地等成规模的农业园区，以采摘瓜果、蔬菜或其他特色农作物为核心，采取农庄、牧场等多种形式进行专业开发，配套建设游览道路、停车场、游客中心等旅游服务设施，综合发展生态观光、农业科普、农耕体验、农产品购物、青少年研学旅行等旅游活动。

（六）历史民俗旅游产品

依托城郊丰富的民俗文化、民俗活动、民间艺术、民间信仰、特色农业生产方式及独特的历史文化、历史遗迹等，综合开发特色历史民俗活动及民俗主题园区项目，打造具有青岛地方和民族特色的传统文化节庆品牌。

三、崂山乡村旅游集群规划分析

因崂山区依山傍海，在发展乡村旅游时，应突出崂山乡村旅游集群的山海风光与山海农家主题，重点发展山林山岳、渔家风情、田园农耕及历史民俗乡村旅游。依托崂山区的环境优势、区位优势、品牌优势与客源优势，利用已建成的游客集散中心，在崂山风景区全面升级过程中，对崂山南北旅游线及滨海公路沿线的乡村旅游资源进行重点开发，重点培育沙子口、王哥庄、北宅三个乡村旅游产品圈。

（一）沙子口乡村旅游产品圈重点项目和资源

（1）山林山岳类：石老人观光园、雨林谷、百雀林、大河东森林公园。

（2）渔家风情类：山海有情休闲渔业观光园、流清河社区、西麦窑村。

（二）王哥庄乡村旅游产品圈重点项目和资源

（1）山林山岳类：二龙山等山地风景区。

（2）渔家风情类：会场海洋生态观光园、雕龙嘴特色渔村、青山特色渔村。

（3）田园农耕类：二月二生态观光农场、崂山茶苑生态旅游区、锦绣山河度假村。

（三）北宅乡村旅游产品圈重点项目和资源

（1）山林山岳类：花花浪子森林公园、天籁谷、翠竹谷、石门山、华楼山。

（2）田园农耕类：四季庄园、大崂樱桃谷、北涧天一顺农业观光园、北头神清农趣园、凉泉农业生态园。

（3）历史民俗类：北宅樱桃节及崂山非物质文化遗产节等。

四、城阳及红岛经济区乡村旅游集群规划分析

在发展乡村旅游时，突出城阳乡村旅游集群的渔盐文化、山地田园、购物休闲主题及红岛经济区的动漫、娱乐、大型会展等现代旅游业态，重点发展山林山岳、渔家风情、滨河生态、田园农耕及历史民俗旅游。

东部可以重点发展毛公山、七涧谷、太和峡谷、傅家埠观光园及山色峪樱桃山会、超然大枣节、官家村葡萄节等；西部可以重点发展红岛休闲渔村、红岛赶海园、海韵园、韩家民俗村等赶海拾贝旅游项目，重点开发河套、上马的水库、鱼塘资源；中部围绕旅游集散功能优势，完善发展城郊购物休闲、购物节会等休闲功能，完善配套娱乐、食宿、换乘等旅游设施。

重点培育惜福、夏庄、红岛三个乡村旅游产品圈。

（一）惜福乡村旅游产品圈重点项目和资源

（1）山林山岳类：毛公山、三标山、七涧谷。

（2）田园农耕类：金钱鼎御园农林生态观光园（后金社区）、棉花村、超然社区、付家埠山水果品观光园。

（二）夏庄乡村旅游产品圈重点项目和资源

山林山岳类：云头崮、山色峪、太和山。

（三）红岛乡村旅游产品圈重点项目和资源

（1）渔家风情类：红岛西大林休闲渔村、东大洋休闲渔业垂钓场、韩家民俗村、河套小涧西休闲渔业垂钓点、河套万亩对虾养殖垂钓基地、河套云聚山庄生态园、河套宝君成特色养殖基地。

（2）滨河生态类：红岛绿洲湿地公园等。

（3）历史民俗类：韩家民俗村等。

五、黄岛乡村旅游集群规划分析

在发展乡村旅游时，突出黄岛乡村旅游集群的山海岛渔、历史民俗主题及影视等现代旅游业态。东部沿海及海岛，重点发展渔家风情与历史民俗乡村旅游；西部山地及水系，重点发展山林山岳、田园农耕、历史民俗及滨河生态乡村旅游。

重点培育凤凰岛、灵山岛、竹岔岛、琅琊台、大珠山、灵珠山、藏马山、铁橛山等八个乡村旅游产品圈。

（一）凤凰岛乡村旅游产品圈重点项目和资源

渔家风情类：鲁海丰海洋牧场、甘水湾休闲渔业民俗村、烟台前社区、鱼鸣嘴村、顾家岛村陈姑庙与渔码头、石岭子村海草房。

（二）灵山岛乡村旅游产品圈重点项目和资源

渔家风情类：海岛及城口子村等渔村资源。

（三）竹岔岛乡村旅游产品圈重点项目和资源

渔家风情类：海岛及渔村资源。

（四）琅琊台乡村旅游产品圈重点项目和资源

（1）渔家风情类：龙湾及王家台后村、台西头村等渔村资源。

（2）历史民俗类：琅琊台风景区。

（五）大珠山乡村旅游产品圈重点项目和资源

山林山岳类：大珠山风景区。

（六）灵珠山乡村旅游产品圈重点项目和资源

（1）山林山岳类：灵珠山、青岛市野生动物园、沃特尔度假区、古月山庄。

（2）历史民俗类：灵珠山菩提寺。

（七）藏马山乡村旅游产品圈重点项目和资源

山林山岳类：藏马山国际旅游度假区、大村镇红草岭村葫芦峪。

（八）铁橛山乡村旅游产品圈主要项目和资源

（1）山林山岳类：九九山风景区、九上沟风景区。

（2）历史民俗类：齐长城。

六、即墨乡村旅游集群规划分析

在发展乡村旅游时，突出即墨乡村旅游集群的温泉养生、海滨渔家、历史民俗主题，打造品牌化的滨海温泉休闲度假旅游目的地，同时依托蓝色硅谷的开发建设，大力发展海洋科技旅游项目，重点发展温泉养生、历史民俗、渔家风情及山林山岳、田园农耕旅游。

东南滨海区域，重点发展鳌山卫渔家风情乡村旅游；以东温村温泉街项目为核心、以大型温泉度假酒店为补充，发展温泉养生旅游；整合鹤山、钱谷山山林山地环境，与海滨乡村旅游形成有效补充。东北滨海区域，依托优美的海滨、海岛与渔村风光及丰厚的海洋民俗文化，重点发展田横镇与田横岛渔家风情乡村旅游，开展凤凰雄崖乡村文化生态保护提升工作，开发田横镇与田横岛的历史民俗文化旅游产品。西部大沽河滨河区域，重点培育并发展形成段泊岚—移风店镇的滨河生态与田园农耕旅游产品，重点培育七级双塔等历史民俗文化旅游资源。即墨城区，挖掘即墨城区周边资源，修复古代遗迹，建设仿古建筑和古文化休闲街区，并整合即墨古县衙及其周边的其他景区点，开发建设即墨古城旅游区。

系统培育鳌山卫、温泉、田横岛、金口—丰城、段泊岚—移风店、即墨古城等六个乡村旅游产品圈。

（一）鳌山卫乡村旅游产品圈重点开发的项目和资源

渔家风情类：七沟村、向阳庄村、柴岛岩礁带。

（二）温泉乡村旅游产品圈重点开发的项目和资源

温泉养生类：港中旅海泉湾等系列温泉度假项目及东温村等。

（三）田横岛乡村旅游产品圈重点开发的项目和资源

（1）渔家风情类：田横岛、周戈庄及田横喜行渔舍等。

（2）历史民俗类：田横五百壮士文化及田横祭海节等。

（四）金口—丰城乡村旅游产品圈重点开发的项目和资源

（1）历史民俗类：天后村与天后宫、金口古港、凤凰村、雄崖所古城、李家周瞳村李氏庄园、古阡贝丘文化遗址及丁字湾海洋湿地、易创园等。

（2）田园农耕类：大明盛泰观光园、金鼎农业观光园。

（五）段泊岚—移风店乡村旅游产品圈重点开发的项目和资源

（1）滨河生态类：张院湿地、黄戈庄百年古槐林。

（2）历史民俗类：七级中心社区中间埠双塔景区。

（六）即墨古城乡村旅游产品圈重点开发的项目和资源

历史民俗类：即墨古县衙及即墨古城开发项目。

七、胶州乡村旅游集群规划分析

抓住青岛新机场建设、大沽河综合改造等重要历史机遇，彰显胶州民俗文化与"文、泽、河、湖、海"资源特质，突出胶东民俗文化主题及航空经济区产业特色，重点发展民俗文化与滨河生态旅游。九龙街道海滨发展渔家风情乡村旅游；李哥庄、少海国际旅游度假区、胶东—胶莱、三里河等区域重点发展滨河生态乡村旅游及历史民俗乡村旅游；艾山及洋河等西部乡镇重点发展山林山岳与田园农耕乡村旅游；胶北等北部乡镇重点发展历史民俗文化旅游。

可以系统培育九龙、胶东—胶莱—李哥庄、少海、艾山四个乡村旅游产品圈。

（一）九龙乡村旅游产品圈重点开发的项目和资源

渔家风情类：营海码头渔村。

（二）胶东—胶莱—李哥庄乡村旅游产品圈重点开发的项目和资源

（1）滨河生态类：李哥庄沽河金岸旅游区。

（2）田园农耕类：胶莱大白菜国家农业公园。

（3）历史民俗类：胶东大店太平寺。

（三）少海乡村旅游产品圈重点开发的项目和资源

（1）滨河生态类：少海双湖湿地公园。

（2）历史民俗类：大沽河历史文化街区及大沽河博物馆、慈云寺、板桥镇、中国秧歌城。

（四）艾山乡村旅游产品圈重点开发的项目和资源

（1）山林山岳类：艾山及东石西石。

（2）田园农耕类：洋河镇曲家芦村采摘园、大相家粉条村、香甸蘑菇村、袁家小庄葡萄村等。

八、莱西乡村旅游集群规划分析

抓住 2015 世界休闲体育大会、大沽河综合改造、青荣城际铁路通车等机遇，突出莱西乡村旅游集群的"水"主题，打造"沽河水乡"旅游品牌，重点发展滨水生态休闲与体育运动旅游，配套发展山林山岳及田园农耕旅游。

整合开发"三河（大沽河、小沽河、洙河）、四湖（莱西湖、青山湖、月湖、姜山湖）、一山（大青山）"旅游资源，整体构建"一山三河四湖"联动发展格局。中部以大沽河生态旅游轴带为核心，系统打造沿河特色旅游产业带，在大沽河与洙河交汇处，借助大沽河治理、洙河城区段治理、大沽河休闲运动公园等建设内容，以两河交汇处大片水面为核心，以大沽河、洙河、月湖等水面为补充，打造"沽河水乡"项目。北部莱西湖（产芝水库）及其周边，以生态渔业及淡水鱼餐饮特色为核心进行系列产品开发，整合滨水与水域环境、梅花山及古历史遗存等资源，有机融入休闲运动、水上游乐、生态农业、休闲度假及历史民俗等旅游项目；南部以江山湖为中心的五沽河流域，重点发展康体疗养度假旅游；东部以月湖—龙泉湖为中心的洙河流域，重点发展田园旅游；西部以大青山—青山湖为中心的小沽河流域重点发展休闲旅游。

系统培育莱西城区、莱西湖、店埠、大青山—青山湖、龙泉湖、姜山湿地六个乡村旅游产品圈。

（一）莱西城区乡村旅游产品圈重点开发的项目和资源：

（1）滨河生态类：沽河水乡、大沽河休闲运动公园、莱西月湖公园。

（2）历史民俗类：西沙埠遗址、胶东民俗文化馆、莱西木偶馆、崔子范美术馆。

（二）莱西湖乡村旅游产品圈重点开发的项目和资源

滨河生态类：莱西湖生态休闲区、马银岛、坝下湿地公园 。

（三）店埠乡村旅游产品圈重点开发的项目和资源

（1）滨河生态类：大小沽河生态三角洲。

（2）田园农耕类：大沽河农耕体验中心、东庄头国际农产品交易中心。

（四）大青山—青山湖乡村旅游产品圈重点开发的项目和资源

（1）山林山岳类：大青山。

（2）滨河生态类：青山湖。

（五）龙泉湖乡村旅游产品圈重点开发的项目和资源

（1）滨河生态类：龙泉湖。

（2）田园农耕类：鑫龙泉庄园、沁楠香生态园。

（六）姜山湿地乡村旅游产品圈重点开发的项目和资源

（1）滨河生态类：锦绣江山国际旅游城。

（2）历史民俗类：黄土台遗址、三都河古村落。

九、平度乡村旅游集群规划分析

突出平度的大泽山葡萄与山地田园主题，培育高端特色精致休闲农业品牌，开发高端山地度假旅游项目，逐步培育起北部山地旅游竞争优势。

北部大泽山区域，重点发展山林山岳旅游，围绕山地度假旅游，开发葡萄小镇等旅游项目；旧店镇区域，利用苹果等瓜果蔬菜资源，重点发展田园农耕旅游。中部城区周边，重点围绕李园街道的马家沟芹菜特色，以田园采摘与农耕文化为重点，逐步延伸旅游产品的深度与广度，发挥出品牌农业的产业集聚效应。东部大沽河流域，抓住开发大沽河的滨河生态环境与综合治理的机遇，加快乡村旅游产业的发展。重点发挥云山高尔夫、云山温沙雅舍度假区、云山大樱桃节、南村国际文化旅游度假区等旅游项目的带动作用，挖掘利用即墨古城、六曲山古墓等历史文化资源优势，将古城旅游建设与新农村建设结合起来，培育以古岘镇与仁兆镇为核心的历史民俗与田园农耕乡村旅游产品。西部胶莱河流域，适时发展新河、明村、崔家集、万家等镇的滨河生态旅游产品。

系统培育大泽山、南村、云山、马家沟、旧店、古岘—仁兆等六个乡村旅游产品圈。

（一）大泽山乡村旅游产品圈重点开发的项目和资源

（1）山林山岳类：大泽山、天柱山等山地风景区。

（2）田园农耕类：五龙埠葡萄观光园、天池岭葡萄观光园、大泽山葡萄示范园、青岛高氏葡萄种植庄园。

（二）南村乡村旅游产品圈重点开发的项目和资源

（1）滨河生态类：裕龙国际文化旅游度假区。

（2）田园农耕类：南村兰底美食文化旅游区、姜家埠大葱等有机蔬菜园。

（三）云山乡村旅游产品圈重点开发的项目和资源

（1）山林山岳类：仙山旅游度假区。

（2）滨河生态类：尹府水库生态旅游区。

（3）田园农耕类：铁岭庄大樱桃园、古迹山大樱桃园。

（4）历史民俗类：云山景区及唐代大王桥遗址、九州环球影视城、蓝树谷青少年世博园。

（四）马家沟乡村旅游产品圈重点开发的项目和资源

田园农耕类：李园街道马家沟芹菜产业园。

（五）旧店乡村旅游产品圈重点开发的项目和资源

田园农耕类：旧店苹果采摘园、郑家春满园蓝莓采摘园、祝沟小甜瓜采摘园。

（六）古岘—仁兆乡村旅游产品圈重点开发的项目和资源

历史民俗类：六曲山古墓群、即墨故城国家大遗址公园、汉王城。

◆知识拓展

《青岛市首批中小学生研学旅行基地名录》中属于乡村旅游的有：青岛百草香芳香植物园、青岛产芝乡村旅游专业合作社、青岛瑞草园文化旅游区、青岛市崂山区二月二中小学生学农实践基地、胶州市李哥庄镇黑陶教学体验基地、青岛晓望生态旅游区。

------- 技能训练 -------

完成技能训练，进行小组模拟导游。

任务 18　专项旅游

◆任务描述

凭借丰富的教育和旅游市场，近年来青岛市研学旅行发展迅猛，形成了海洋牧场、博物馆等多种形态的研学旅行基地。青岛依海而生，海洋是这座城市最鲜明的特色。丰富的海洋资源为青岛带来了巨大的旅游市场，也赋予了青岛开展海洋科普教育的重要角色。博物馆承载着传承人类历史文化的重要使命，拥有浓厚历史文化氛围的博物馆因此成了开展研学旅行的重要场所。

某学校打算针对不同年级的学生，开展主题不同的研学活动。来自青岛旅游学校导游专业的学生承担着本次研学旅行的导师任务，此次研学主题分别为海洋和博物馆，他们需要做好哪些知识准备，才能让同学们不虚此行呢？

请带着这个任务继续学习。

◆ 任务分析

一、海洋旅游

占地球表面积 71% 的海洋，是地球生命的发祥地，是地球生命存在的自然环境调节器。海洋本身是一个巨大的资源宝库，有着巨大的开发利用价值，是人类在地球上生存、发展的最后领域。海洋蕴藏着丰富的旅游资源，海岸带、大陆架及海岛更是人们繁衍生息的理想场所和旅游的胜地。

（一）海洋教育

青岛因海而生，因海而兴，作为海洋事业发展中最基础的一环，海洋教育对于提升学生海洋意识、储备未来海洋人才意义重大。海洋教育应该"从娃娃抓起"，"靠海学海"，可以早早地在孩子心中种下一颗"海洋的种子"，培养学生对海洋知识的兴趣，学习海洋地理、海洋生物、海洋与大气、海洋垃圾处理、海洋法等课程，并促进孩子对地理、生物、化学等相关学科的学习，引导学生做好生涯规划，为未来发展打好认识基础、知识基础和思维基础。

（二）海洋体育

青岛作为"帆船之都"，帆船运动应该大力普及。结合各区市和学校特点，开展青少年帆船培训和体验，针对初中、高中等不同学段的学生，扩大丰富帆船培训的类型，加强悦浪级、激光级、激光雷迪尔级、帆板及大帆船的培训，使青少年帆船培训的层次更加有序，使帆船知识和技能的普及更加规范科学。提升青少年帆船培训的整体水平，让帆船运动成为社会主流休闲运动项目之一。

（三）海洋军事

海洋军事游是青岛得天独厚的资源。青岛是中国海军的重要基地，青岛与中国海军的成长历史有着密切关系，海军的多个兵种都在此诞生、起步、发展。海军的第一支驱逐舰支队、第一所航校、潜艇学院以及航母入列后的航母基地、核潜艇基地都在青岛。

（四）海洋科考

国家深海基地管理中心是国家海洋局直属的部委正司级事业单位，坐落于风景秀丽的青岛即墨区。其中深海之路展厅自 2016 年底筹建以来，经过资料收集、方案设计、充实内容，于 2017 年 10 月建成投入试运行。该展厅是深海中心对外展示的"窗口"，占地 605 平方米，分为主展厅、多媒体影视厅和科普长廊三大部分，主要展示我国深海、大洋事业近年来的辉煌成就。其中，主展厅向公众展示了认识深海、探测深海、展望深海三部曲，多媒体影视厅内设 120 度大型环幕（长 11 米，宽 3 米），用于展现丰富的海底自然资源等内容，让参观者直观体验神秘莫测的大洋、深海世界。每年寒、暑假都会设立深海之路展馆开放日活动，让更多的人了解大洋、深海工作，激发社会各界关注海洋、热爱海洋、保护海洋的意识。

二、博物馆旅游

"为一座馆，赴一座城"，这种旅行方式越来越受游客的喜爱，而"博物馆热"也正成为当下社会文化的新风尚。青岛是国家历史文化名城，拥有丰富的文化遗产、丰厚的人文积淀。当前，我市在积极建设"博物馆之城"，2019 年新增博物馆 10 家，全市博物馆总数达到 100 座，位居全国各类城市第 7 位。这 100 座博物馆，就是青岛文化旅游创意融合发展取之不尽、用之不竭的宝库，为一座城市增添厚重感的同时更注入了无穷的活力。

（一）青岛市博物馆

青岛市博物馆占地 105 亩，建筑面积 2 万平方米，其恢弘的建筑与开阔的广场构成了青岛东部新区的又一城市地标。该馆内共有 13 个展厅，有山东民间木版年画、青岛籍画家高凤翰书画、古代工艺品、明清瓷器、货币 5 个馆藏文物专题陈列，其他展厅会在不同时间开展不同的艺术展览，陈列面积 7000 平方米。截至 2017 年年底，青岛市博物馆有 30 多个门类、12 万余件套藏品，其中三级以上珍贵文物 9504 件套。其馆藏文物包括书法、绘画、陶瓷器、铜器、玉器、钱币、玺印、甲骨、竹木牙角器等三十余个门类十多万件，其中书法、陶瓷器、玉器、钱币为馆藏特色。馆内还收藏有 4 万余件青岛历史发展各阶段留下来的文物资料，反映了青岛建制以来城市的发展，是全面了解青岛历史的重要场所。

（二）青岛葡萄酒博物馆

青岛葡萄酒博物馆是青岛市市北区政府于 2009 年投资建设，是依托延安一路人防工程改建而成。整个博物馆以葡萄酒历史与文化展示为主题，是集科普教育、收藏展示、旅游休闲、文化交流等多种功能于一体的特色博物馆，同时也是国内第一座以葡萄酒为主题的地下博物馆，是国家 AAAA 级旅游景区。它的外部景观采用了欧式古堡建筑风格，馆内景观沿用原防空洞古朴建筑结构，分别设有天然葡萄园、流程展馆、历史展馆、知识长廊等基本陈列区，器皿展馆、中国馆、国际馆、中国葡萄酒银行、酒窖等专题主题展区，以及酒鼻子、世界酒吧等互动休息区，场馆占地总面积 8800 平方米。该博物馆利用文字、图片、影像资料、灯光、实物、雕塑等多媒体方式，通过视觉、听觉、嗅觉等形式对葡萄酒文化和历史进行了全方位展示，生动表现了葡萄酒的渊源演变和生产工艺，再现了葡萄酒的悠久历史和独特的文化魅力，是认识和了解葡萄酒的科普园地和学习平台。

（三）青岛贝壳博物馆

青岛贝壳博物馆坐落于青岛西海岸新区（凤凰岛）国际旅游度假区唐岛湾畔，是以贝壳为主题，集贝壳研究、收藏、科普教育、文化旅游为一体的海洋特色博物馆，面积 2600 平方米。青岛贝壳博物馆馆藏世界贝壳生物标本 12000 余种（之前世界最大的菲律宾贝壳博物馆贝壳标本仅有 8000 余种），5000 余枚贝壳化石，800 余件贝壳艺术品，综合展出内容属国内首创。在这里既有号称"海贝之王"、直径一米的大砗磲，也有需用放大镜才能看到的小沙贝，还有来自 4.5 亿年前奥陶纪的鹦鹉螺化石。贝壳不仅是海洋生物的代表，透过小小的贝壳还可以使天文、地理、物理、生物、化学、医药、建筑、美学、数学、哲学等近 24 个学科专业建立起桥梁关系。从阿基米德螺旋到斐波那契黄金螺旋，从螺旋星系到螺旋指纹，从螺旋运动到螺旋上升，贝壳里有人文科学，也有自然科学。世界的七大洲四大洋，从陆地到海洋，从淡水到咸水，从地面到树冠，从珠穆朗玛峰到马里亚纳海沟，都有贝壳的踪迹。贝壳历经 5 亿年的时空维度，至今仍然生生不息。

（四）青岛贝林自然博物馆

作为全国首家互动体验型博物馆，在青岛贝林自然博物馆，通过 VR，你可以在不湿身的情况下畅游海底世界；可以插上翅膀，体验飞翔的奥妙；可以用 AR 望远镜看到非洲、欧亚、北美、北极的标本动物。该展馆内设置 32 个展项，其中狂野非洲、迷人欧亚、壮丽北美，以还原珍稀野生动物生存场景为表现手法，具有很强的观赏性和教育意义。数字影像互动展项，如大型 AR、VR 体验、数字化教育小课堂、贝林小屋等都体现了科技和静态展陈结合的新型博物馆特色。而在令人震撼的自然标本区，各类珍稀野生动物被巧妙地按地域组合：狂野非洲区，狮群傲视草原，小狮子打闹嬉戏，大象悠然漫步，长颈鹿怡然自得，鳄鱼潜伏在水塘边……贝林自然博物馆可以充分地展示每个地方生物的多样性，让青少年从小树立保护动物、爱护动物的意识。

（五）青岛崂山茶博物馆

崂山茶博物馆是中国北方唯一的专业性茶文化博物馆。通过实物与文字资料和灯光音响相结合的方式，展设汉代至现代各地茶区、现代茶叶样品、古代茶著、现代茶著、崂山茶种植成功地域、种植面积分布、崂山茶年产量，特别是北方传统饮茶用具、清末民初的八仙桌和崂山茶制作工艺实物展设等。青岛崂山茶博物馆主体建筑共四层，其中中国茶文化博物馆内收藏展出汉、唐、五代、宋、元、明、清、民国和现代等茶具 300 余件（套），茶经、茶著 200 余本，全国各地名茶样品百种，茶叶印章 60 余枚。崂山茶文化博物馆内还摆放着山东嘉祥出土的汉画像石，以及 20 世纪五六十年代山东省委关于南茶北移的文件（复印件）、南茶北移以来的制茶工具、茶农清晨采茶的场景、崂山茶文化及崂山茶传说等。

（六）青岛邮电博物馆

青岛市邮电博物馆是胶澳德意志帝国邮局旧址，也是青岛现存最早的邮电营业楼。从清朝末年的电报系统，到最古老的电话机，再到大哥大和传呼机……青岛市邮电博物馆馆藏文物展品约 1000 余件，历史图片 2000 余张。青岛邮电博物馆设置了古代通信厅、近代通信厅、德占时期通信厅、日占时期通信厅、民国时期通信厅等展览厅，通过大量实物和图片真实地反映了百年来青岛邮电通信发展的艰辛历程。

（七）青岛道路交通博物馆

道路交通博物馆坐落于青岛市市北区馆陶路 49 号馆陶路汽车站。该馆馆藏图片 600 余幅，展板 120 余块，展品 485 件，是中国首个以道路交通为主题的专业性博物馆。该馆包括北、中、南三个区域。北区（主馆）以道路交通发展为主线，分为 1 个序厅 8 个站点，以来自全国各省市（自治区）及中国港澳台地区的实物、视频、图文等形式，全方位展示了我国道路交通的灿烂历史，中华人民共和国成立前的举步维艰，中华人民共和国成立后的艰苦奋斗，特别是改革开放以来跨越式发展的新篇章，并集中突出了青岛作为近代中国道路运输发祥地的独特历史文化。同时，馆内"未来交通"影厅 120度环幕电影还展示了对未来交通的畅想。

（八）青岛消防博物馆

青岛消防博物馆是全国首家消防主题博物馆，2000 年 11 月 6 日完成一期工程并开馆，2001 年 11 月 9 日完成二期工程建设并对社会开放。该博物馆位于青岛消防指挥中心二楼，室内展览总面积 2000 余平方米。青岛消防博物馆一期侧重消防历史展示，二期侧重市民消防教育，共设展厅十处，分别为：序厅，百年消防厅，荣誉厅，服装器材厅，消防设施厅，模拟火灾体验厅，火灾逃生体验厅，黄岛灭火抢险演示厅，家庭火灾现场复原厅，消防多媒体教育厅。整个消防博物馆是集历史展示、知识介绍和模拟演示于一体的综合性博物馆，是全民消防教育和消防文化传播基地。

（九）青岛一战遗址博物馆

青岛一战遗址博物馆是目前国内唯一全面展现一战对中国命运影响的博物馆。博物馆整体造型宛如和平鸽，建筑面积近 1 万平方米。该博物馆拥有自青岛建制至主权回归期间的各类武器、军服、报刊、书籍、纪念章、明信片等 1800 多件藏品，展览以"还我青岛"为主题，分为"德占青岛""日德战争""苦难归程"三个部分。该馆运用大量珍贵文物、档案资料以及场景复原、多媒体等现代化布展方式，再现了自青岛建制至主权回归的艰难历程。

（十）青岛海军博物馆

海军博物馆由海军创建，是中国唯一一座全面反映中国海军发展的军事博物馆。它坐落于青岛市莱阳路八号，东邻鲁迅公园，西接小青岛公园，南濒一望无际的大海，北与栈桥隔水相望，占地 4 万多平方米，1989 年 10 月 1

日正式对外开放。海军博物馆设室内展厅、武器装备展区和海上展舰区。室内展厅主要展出古代、近代中国海军、人民海军历史资料图片 1200 余幅，人民海军各时期的制式服装、衔章、徽章、装具和人民海军与世界各国友好交往中接受的 230 多件珍贵礼品等；武器装备展区和海上展舰区主要陈列退出海军战斗序列的中小型舰艇、飞机、导弹、舰（岸）炮、水中兵器、观通设备、水陆坦克等。其中重要展品有：敬爱的周恩来总理检阅驻青海军舰艇部队时乘坐过的鱼雷快艇、邓小平同志检阅过的"巨浪一号"潜地导弹、江泽民主席检阅过的"红旗 61B"舰空导弹、海军首任司令员肖劲光大将乘坐过的飞机和红旗轿车、独闯国民党舰艇巢穴的炮艇"解放"号、海军第一代水上飞机。海上展舰区设在小青岛港区，展示了人民海军第一艘驱逐舰"鞍山"号，舷号 101；舰空导弹护卫舰"鹰潭"号，舷号 531。海军博物馆是增强国民海洋意识、进行爱国主义教育的课堂，先后被定为全国爱国主义教育基地、全国国防教育基地、全国红色旅游经典景区、国家 AAA 级旅游景点。

技能训练

完成技能训练，进行小组模拟导游。

参考文献

[1] 青岛市旅游局.青岛旅游 [M].北京：中国旅游出版社，2010.

[2] 梁文生.导游实务 [M].济南：山东科学技术出版社，2011.

[3] 全国导游人员资格考试教材编写组.山东导游基础知识 [M].济南：山东科学
技术出版社，2016.

[4] 全国导游人员资格考试教材编写组.现场导游 [M].济南：山东科学技术出版
社，2016.

[5] 李宝金.青岛历史古迹 [M].青岛：青岛出版社，1997.

[6] 孙文昌、张崇刚、孙守信.崂山与名人 [M].北京：旅游教育出版社，1997.

[7] 孙守信、王玉华.青岛崂山 [M].青岛：青岛出版社，2002.

[8] 官娟.山东导游 [M].济南：山东省地图出版社，2001.

[9] 魏世仪、鲁海.到青岛看老别墅 [M].武汉：湖北美术出版社，2004.

[10] 山东省全国导游资格考试教材专家编写组.山东导游现场考试实务 [M].
北京：中国旅游出版社，2018.